社会と心理学

地域・組織・共感と道徳

石川美智子
Michiko Ishikawa

学術研究出版

Contents

ようこそ
社会心理学へ

◎**本時のねらい**
　1. 社会心理学の歴史と概要を知る

次の心理学を比較し名前を考えましょう。その理由も考えましょう。

A心理学

- 場所や伝統によって文化は異なり，それに接した人の考えや行動に影響します。単に現実を示すことよりも深いものです。特定の環境の伝統により作られ，定義され，維持される起源と影響の両方を探求するものです。
- 例：インドでは牛が崇められています。しかし，なぜ，そのようになったのでしょう？
- そこにいる人にどのように影響を与えるか研究します。ある慣習は根付き，他はそうでないのはなぜでしょう？　これらの慣習は行動様式にどのように影響するのでしょう？

B心理学

1. 人と人，個人と集団や社会といった組み合わせの中で，人や集団はどのような行動をとり，そこにはどんな法則性があるのか，その行動によってどのような問題が生じるのかを研究する学問である。人は社会現象をどのように捉え，どのように行動を変えるのか，という個人と状況の相互作用を研究する学問。
2. 例：インドの人は感染症の中でどのような行動変容の特徴をしめすか？

そこにいる集団や個人がどのように影響を受けるか研究します。

A：文化心理学

文化の相違を明らかにしています。

B：社会心理学

社会心理学は，文化や社会の現象を明らかにしつつ個人または集団の心理まで焦点を当てます。

社会心理学とは

　人間は，なぜか人と関わり，社会を構築し生活を営む動物といえます。社会心理学とは社会的影響のもとになる個人および集団の行動のメカニズムを心理学的観点から理解し説明しようとする学問です。文化心理学とは，「文化を営むものとしての人間を研究する学問」のことで，文化の多様性や異質性を明らかにしています（辻内・河野, 1999）。**社会心理学は，文化や社会の現象を明らかにしつつ個人または集団の心理まで焦点を当てます。**

　社会心理学者の G.W. Allport（1954）は，社会心理学を「個人の思考，感情，および行動が，他者の物理的な，想像上の，あるいは暗黙の影響によってどのような変化を受けるかを理解かつ説明しようとする試み」と定義しています。

　過去の社会心理学のテーマをあげてみます。友好的な条件とは，攻撃的な条件とは，良好な人間関係と孤独とのコストの比較，商品購入を決定する要因，自分を犠牲にするほどの利他的な行動要因とは，などがあります。

　G.W. Allport（1954）は，アメリカ心理学会会長演説（1939）で，「私の願いは…権威主義を避け，心理学が一方的な方法論のテストの適用によって，独創的で大胆な探究が排除されるようなカルト的なものにならないようにすることです。科学を評価するようになるのは，人間の行動を予測，理解，制御する力を強化することに成功したからではありません。進歩の助けとして，私は特に，人間の精神的組織の複雑なパターン，基準の枠組み，主題の視点，および理解の行為に関する研究の事例を強化しようとしました」と述べています。

　権威主義とは，フロイトを中心とする精神分析であり，一方的な方法論のテストの適用とは，刺激と反応のみ焦点を当てた行動主義を暗に批判しているかもしれません。

https://psychology.fas.harvard.edu/people/gordon-w-allport
【写真0-1】　ゴードン・ウィラード・オールポート

　ゴードン・ウィラード・オールポートは，ハーバード大学で学生生活を過ごし，大学で学士号と博士号の両方を取得し，1930年から1967年まで教員を勤めました。

G.W. Allport（1954）は，心理学の父と言われたヴントのように実験を通して科学的評価のもと人間の心・行為を明らかにしようとしました。

　日本で地震が起きたときに，多くの在日外国人が非常に驚き，帰国しました。外国人は未経験バイアスという認知バイアスを持っているからです。日本人は直ぐに机などに潜り込み避難行動をとります。未経験であると，情報を解釈するための手がかりがありません（石川，2015）。このため，正しい判断は非常に難しくなります。地震の経験のない外国の方は，驚き冷静に判断ができなくなるのです。

　社会心理学は，社会現象のメカニズムの説明だけでなく，文化の相違を明らかにしています。そのうえで，個人や集団の変容のメカニズムまで明らかにしようとしていることを理解していただければと思います。本書の後半にでてくる産業心理学は，働く人々，消費する人々の心や行動の特性を対象としていますので，社会心理学の領域と重なっているところがあります。

　社会心理学の章では，個人と関わる他者の大きさによって，個人と個人，個人と集団，個人と社会現象等わけて説明します。また，一般的に，社会心理学は，基礎心理学の中に分類されます。基礎心理学は，厳密に統制された心理学的実験によって，心のメカニズムやその一般原理を科学的に解明することを目指すもので，研究対象は非常に広く，社会心理学の他に，認知心理学，学習心理学，発達心理学等があります。応用社会心理学はどちらかといえば，実際の生活場面で，心理の知見を応用することで実用的な課題の達成や問題解決を図ることを目的としています。たとえば，応用社会学心理学として，産業心理学（19章）やコミュニティ心理学（21章），環境心理学，スポーツ心理学等があります。

社会心理学への道程

社会的な存在である個人

　19世紀において社会心理的科学の必要性と可能性を認めた最初の学者は，ヘルベルト（J.F. Herbert）で，当時は人格は生得的に決定されると考えられていました。しかし，Herbert（1816）は，その著者『心理学教科書』で，後天的経験の影響を唱え，社会的存在としての人間を研究する必要性を論じました。その後ヴントは実験的に統制（意図的な）された刺激を与え，その経験を自身で観察し分析しました（石川，2020）。それまで，哲学として人の心を考えていましたが，観察したデータとして，心を捉えようとしました。そして，感覚や知覚が外界と単純な関係にはないことが示されたのです。ヴントはこうした心理学を個人心理学と呼ぶ一方，社会制度の考察も人間の精神のあり方を考えるために重要と考え，民族心理学（現在は文化心理学）を提唱していました（佐藤，2009）。

集団心理

　Le Bon（1895）の「群衆心理」が刊行され多くの人々の注目を浴びました。群衆心理は，今の言葉で，集団心理（しゅうだんしんり）のことです。集団心理とは，群集状況のもとで醸成される，群集に特有な心理のことです。Le Bon（1895）は，著書のなかで，「今われわれが歩み入ろうとしている時代は，群衆の時代である」と論じて，産業革命以降の社会現象を説明しようとしました。そのような過程をへて，イギリスの心理学者 M. マクドゥーガル McDoigall,W.（1871-1942）とアメリカの社会学者の E.A. ロス Ross,E.A. がそれぞれ，『社会心理学』の教科書を出版します。M. マクドゥーガルは，本能とそれに伴う情緒について論じました。ロスは，個人と個人の相互作用や模倣の役割を論じました。実は，日本では彼らより 2 年早く，1906 年に社会学者の徳谷豊之助が「社会心理学」を出版しています。しかし，現象は説明したが，再現していません。また，科学的に証明していません。

個人と他者の関係を明らかに

　他者の存在が，個人の行動に影響を及ぼすかを明らかにすることを目的とするのが『社会的促進』です。オールポートは，参加者が一人で，または他の参加者と一緒に座って，単語連想タスクや乗算評価などのさまざまな実験を行い研究しました。Allport（1924），Hare（1962）は，一人で行う学習と他の生徒と一緒に行う学習と比較し，過度の競争が加わらなければ，一般的に集団の方が有利であることを明らかにした。また，「知的ないし内的学習」は，集団はむしろ阻害効果を受けると結論づけました。Allport（1924），Hare（1962）は，実験を通して，科学的に証明しました。

社会心理学への貢献

　それまで，心を客観的に数値化する方法はありませんでした。そのようなか，1929 年にはサーストン法（等現間隔法）が発表されました。ある態度について幅広く意見を求めておいて，それに対し，多くの人に独立に評定値を判断させ（当てはまれば 1，当てはまらなければ 7），その結果を集計し，あまりに判断者によって分散が大きいものは除外し，ほぼその数値が一致するものを選んで，その数値の中央値を間隔尺度とする手法がサーストン法です。

　続いて，1932 年リッカート（Likert,R., 1932）法がうまれました。二極の範囲（例：「全く期待できない」から「非常に期待できる」）の回答選択肢を使用して態度や行動を測定します。単純な「はい」/「いいえ」の質問と違って，リッカート尺度は回答の度合いを明確にすることができます。具体的には「はい」「いいえ」の間も点数化しました。たとえば「はい」を 5 点，「いいえ」を 1 点とすると，4.8 も選ぶことができるようにしました。これらは，現在でも質問紙調査で用いられていますね。

個人と他者・集団を研究する社会心理学の具体的研究

　ここでは，個人の思考，感情，および行動が，他者の物理的な，想像上の，あるいは暗黙の影響によってどのような変化を受けるかを理解できる有名な研究を紹介します。

「キティ・ジェノヴィーズ事件」

　1964年，アメリカ合衆国ニューヨーク州の住宅街で発生しました。

　当該地区に住む女性のキティ・ジェノヴィーズは，帰宅途中に暴漢に襲われます。事件発生現場は彼女の自宅アパートの目の前です。ジェノヴィーズは悲鳴を上げ，アパートの住人に助けを求めました。しかし，一向に彼女を助ける住人は現れず，通報を受けた警察が駆けつけてくることもありませんでした。30分以上に渡るジェノヴィーズの抵抗も虚しく，彼女は暴漢に殺されてしまいました。38名の目撃者がいました。

https://thesalience.wordpress.com/?s=assistance&submit=Search

【写真0-1】 被害者：キティ・ジェノヴィーズ　　犯人：ウィンストンモーズリー

https://en.wikipedia.org/wiki/Murder_of_Kitty_Genovese

【写真0-2】 キティ・ジェノヴィーズが殺害された路地

質問1　あなたは通報しますか？
質問2　この周辺住民の行動の仮設をたててください？
　　　　みんな難聴だった？　みんな冷酷な人だった？

ラタネとダーリーの傍観者の研究

　心理学者のラタネとダーリーは，キティ・ジェノヴィーズ事件の原因について，マスコミや世論とは異なった仮説を打ち立てました。「都会人が冷淡であることが原因ではなく，多数の人が事件を見ていたことに原因があるのではないか」「つまり，大勢の人が事件を見ていたために，ジェノヴィーズを助けようとする行動が抑制されたのではないか」といったものでした。このような仮説を基に，ラタネとダーリーは実験を行いました。

ラタネとダーリーの実験

1．実験には大学生が参加し，参加者は「集団討議を行う実験である」という説明を受けます。
2．参加者は2人，3人，6人のグループに分けられ，振り分けられたグループ内で討議を行うように指示されます。
3．集団討議は「匿名性を守るため」に参加者が一堂に会することはなく，インターホンやマイクを用いた上で行われるとされました。
4．参加者たちはそれぞれ別室に通され，同じグループのメンバーとインターホンを通じて討議を行うよう指示されました。
5．そして，この集団討議の途中で，参加者のうちの1人（実験協力者）が発作を起こして苦しみ出します。
6．実はこのハプニングに対する参加者の反応，つまり，「インターホンを通じて苦しむ声を聞いた参加者は，どのような行動を取るのか」が，当実験の真の目的でした。

結果と考察

　2人で討議を行った場合，ほとんどの参加者は廊下に助けを呼びに行くなどの援助行動を取った一方で，6人で討議を行った場合，38%の参加者は一切の援助行動を取らなかったのです。

　傍観者効果（ぼうかんしゃこうか，: bystander effect）とは，社会心理学の用語であり，集団心理の一つです。ある事件に対して，自分以外に傍観者がいる時に率先して行動を起こさない心理です。傍観者が多いほど，その効果は高いことが，ラタネとダーリーの実験から，明らかになりました。そして，傍観者効果の要因として，1．多元的無知 - 他者が積極的に行動しないことによって，事態は緊急性を要しないと考えること，2．責任分散 - 他者と同調することで責任や非難が分散されると考えること，3．評価懸念 - 行動を起こした時，その結果に対して周囲からのネガティブな評価を恐れることが考えられます。

研究はここまでです。人数が多くなると傍観者効果が大きくなることがわかりましたが，傍観者効果によって助けなかった人間を非難するのではなく，傍観者効果が発動してしまわないような社会システムを作ることが重要になってくると思います。みなさんで，傍観者効果を防ぐ社会システムを考えましょう。

社会心理学の歴史と日本

多くのユダヤ人は，第二次世界大戦によって，ヨーロッパからアメリカに渡り，援助行動・集団圧力・共感性・利他主義のような研究を行い社会心理学者になりました。

社会心理学者は，アメリカ人が最も多く，次に，日本人です。

杉原千畝の行動は社会心理学の研究対象になるか考えてください。

第二次世界大戦中，リトアニアの在カウナス日本国総領事館に赴任していた杉原は，枢軸国側で日本の同盟国でもあったナチス・ドイツの迫害によりポーランドなど欧州各地から逃れてきた難民たちの窮状に同情。1940 年（昭和 15 年）7 月から 8 月にかけて，外務省からの訓令に反して大量のビザ（通過査証）を発給し，避難民を救出したことで知られます。その避難民の大多数がユダヤ人系でした。

ユダヤ人迫害の惨状を熟知する千畝は，「発給対象としてはパスポート以外であっても形式に拘泥せず，彼らが提示するもののうち，領事が最適当と認めたもの」を代替案とし，さらに「ソ連横断の日数を二〇日，日本滞在三〇日，計五〇日」を算出し，「何が何でも第三国行きのビザも間に合う」だろうと情状酌量を求める請訓電報を打った。しかし本省からは，行先国の入国許可手続を完了し，旅費および本邦滞在費などの携帯金を有する者にのみに査証を発給せよとの発給条件厳守の指示が繰り返し回電されてきた。

杉原夫人が，難民たちの中にいた憔悴する子供の姿に目を留めたとき，「町のかどで，飢えて，息も絶えようとする幼な子の命のために，主にむかって両手をあげよ」という旧約聖書の預言者エレミアの『哀歌』が突然心に浮かんだ。そして，「領事の権限でビザを出すことにする。いいだろう？」という千畝の問いかけに，「あとで，私たちはどうなるか分かりませんけど，そうしてあげて下さい」と同意。そこで千畝は，苦悩の末，本省の訓命に反し，「人道上，どうしても拒否できない」という理由で，受給要件を満たしていない者に対しても独断で通過査証を発給した。

日本では神戸などの市当局が困っているためこれ以上ビザを発給しないように本省が求めてきた。外務省から罷免されるのは避けられないと予期していたが，自分の人道的感情と人間への愛から，1940 年 8 月 31 日に列車がカウナスを出発するまでビザを書き続けた。

参考文献：フリー百科事典『ウィキペディア（Wikipedia）』　杉原千畝より要約引用
https://ja.wikipedia.org/wiki/%E6%9D%89%E5%8E%9F%E5%8D%83%E7%95%9D

　杉原のように，人間は自己を犠牲にしても，他者を助けることができるのでしょうか？ 杉原の行動は，共感と援助行動という言葉で研究されています。詳しくは22章をご覧ください。

Chapter 1

個人：自己抑制

◎**本時のねらい**
 1. 自己抑制について知る

| | | | 次の質問に答えましょう。「1.まったく当てはまらない」から「5.よく当てはまる」までの5件法で答えてIⅡⅢと因子ごと平均点をだしてください。 |

次の質問に答えましょう。
「1.まったく当てはまらない」から「5.よく当てはまる」までの5件法で答えてIⅡⅢと因子ごと平均点をだしてください。

I	1	2	3	4	5
目標や目的に向かってねばり強く頑張る					
自分で決めたことはきちんと実行する					
長い時間, 集中して学習に取り組む					
課題がうまくできない時もあきらめず, 別のやり方をいろいろ工夫してみる					
他人の話を最後までしっかりと聞く					
物事に取り組むのに, 自分であらかじめ計画を立てる					
自分がやりたいことであっても人が嫌がることは我慢する					
Ⅱ					
自分の希望はきちんと相手に伝える					
友達と自分の意見が違ってもはっきりと主張する					
友達と意見が対立する時には自分が折れない					
積極的にあれやろう, これをやろうと言って友達をリードする					
友達から嫌なことをされたら「嫌だ」とか「やめて」と言う					
Ⅲ					
イライラした気持ちを自分で抑えられる					
腹の立つことや気に入らないことがあると物や人に当たり散らさない					
ちょっとしたことですぐ怒ったり, イライラしたりしない					
自分の感情は自分でコントロールできる					

自己抑制の定義

　自己抑制とは, 長期的な目標を達成するために自分の衝動, 感情, 行動を管理する能力をいいます。

　人間を他の動物界から分離するものです。自己制御は, 主に前頭前野 (脳の計画, 問題解決, および意思決定の中心) に根ざしており, 他の哺乳類よりも人間の方がはるかに

大きいのです。前頭前野の神経接続の豊富さにより，人々は代替行動を計画，評価し，理想的には，発生したすべての衝動にすぐに反応するのではなく，後で悔やむことを避けることができます。

　自分の感情や行動を調整する能力は，実行機能の重要な側面であり，個人が目標を計画，監視，および達成できるようにする一連のスキルです。自制心が生来の個人差である程度と，習得したスキルとの違いについては議論があります。自制心の低いレベルの人々は，健康的な習慣を養い，行動を制御するための対策を講じる必要があるとほとんどの専門家は述べています。

自己抑制についてのいくつかの研究：マシュマロテスト

　この研究の目的は，この能力の幼児期における発達を調査するためでした。最初の実験は，ミシェルと，エッベ・B・エッベセン（Ebbe B. Ebbesen）によって1970年に行われました。最終的にこの実験には，600人以上が参加しました。

方法

　職員の子どもたちが通う，学内の付属幼稚園の4歳の子ども186人が実験に参加しました。被験者である子どもは，気が散るようなものが何もない机と椅子だけの部屋に通され，椅子に座るよう言われます。机の上には皿があり，マシュマロが一個載っています。実験者は「私はちょっと用がある。それはキミにあげるけど，私が戻ってくるまで15分の間食べるのを我慢してたら，マシュマロをもう一つあげる。私がいない間にそれを食べたら，二つ目はなしだよ」と言って部屋を出ていきます。

https://www.youtube.com/watch?v=amsqeYOk--wMarshmallow test

【写真1-1】　マシュマロテスト

結果

　子どもたちの行動は，隠しカメラで記録されました。1人だけ部屋に残された子どもたちは，自分のお下げを引っ張ったり，机を蹴ったりして目の前の誘惑に抵抗しました。

小さな縫いぐるみのようにマシュマロをなでたり，匂いをかぐ者もいました。目をふさいだり，椅子を後ろ向きにしてマシュマロを見ないようにする者もいました。映像を分析した結果，マシュマロを見つめたり，触ったりする子どもは結局食べてしまう率が高いこと，我慢できた子どもは目をそらしたり，後ろを向いたりして，むしろマシュマロから注意を逸らそうとする傾向があることが観察されました。すぐ手を出してマシュマロを食べた子供は少なかったのですが，最後まで我慢し通して2個目のマシュマロを手に入れた子どもは，1/3ほどでした。

マシュマロテストの追試

　ウォルター・ミシェルの娘も実験に参加した一人でしたが，娘の成長につれ，ミシェルは実験結果と，児童の成長後の社会的な成功度の間に，当初予期していなかった興味深い相関性があることに気がつきました。そして1988年に追跡調査が実施されました。その結果は，就学前における自制心の有無は十数年を経た後も持続していること，またマシュマロを食べなかった子どもと食べた子どもをグループにした場合，マシュマロを食べなかったグループが周囲からより優秀と評価されていること，さらに両グループ間では，大学進学適性試験（SAT）の点数には，トータル・スコアで平均210ポイントの相違が認められるというものでした。ウォルター・ミシェルはこの実験から，幼児期においてはIQより，自制心の強さのほうが将来のSATの点数にはるかに大きく影響すると結論づけました。2011年にはさらに追跡調査が行われ，この傾向が生涯のずっと後まで継続していることが明らかにされました。

さらなる追試

　1960年代と70年代の最初の研究では，スタンフォード大学のキャンパス内保育園から科目が採用され，子供たちの多くはスタンフォード大学の学生または教授の子供でした。それは母集団の代表ではありません。新しい研究には，古い論文と比較して10倍の被験者が含まれ，母親が大学に通っていない子供たちに焦点が当てられました。新しい研究では，家族の背景や知性などの要因を同じにしたとき，相関関係はほとんど消えました（Watts, 2018）。結果は，子供に満足を遅らせるように教えることができれば，それは必ずしも後で利益につながるとは限らないことを意味します。彼らの家族の背景や知性などの特徴はすでに彼らをその道に導いています（Watts, 2018）。最終的に，新しい研究は，満足を遅らせることができることがより良い結果につながるという考えに対する限られた支持を見つけます。代わりに，2番目のマシュマロを我慢できる能力は，主に子供の社会的教育的背景によって形作られていることを示唆しています。そして，その背景は，満足を遅らせる能力ではなく，子供の長い間背後にある社会的教育的背景です。また被験者の大脳を撮影した結果，両グループには，集中力に関係するとされる腹側線条体と前頭前皮質の活発度において，重要な差異が認められました。同実験は，スタン

フォード大学で「人間行動に関する，最も成功した実験のうちの一つ」とされました。

結果のまとめ：自制心を向上させる方法

1．誘惑を取り除く－誘惑に集中する人々はそれに従事する可能性が高くなります。最初のマシュマロ研究の結果は，マシュマロが見えている場合，幼児はマシュマロを食べる可能性が高いことを発見しました。

2．良好なエネルギーレベルを維持する－自己管理に関するこのレビューの著者は，「自己管理には十分なエネルギーが必要であるように思われる」と述べています。これは，ぐっすり眠り，健康的なバランスの取れた食事を維持することが，自制心を改善するのに役立つはずであることを示唆しています。

3．目標に焦点を当てる－この研究の著者は，「瞬間的に魅力的な傾向を互換性のない，高く評価されている目的と関連付けることは，効果的な自制心を育むのに役立つはずです」と述べています。高い目標は誘惑から目をそらせて，あなたの自制心を助けることができます。

4．ネガティブアソシエーション（負のイメージ）を使用する－何か悪いことを気を散らすものと関連付けることができれば，そうする可能性は低くなります。ここでの良い出発点は，魅力的な行動が役に立たない理由と，それが目標を達成するチャンスをどのように損なう可能性があるかについて率直な会話をすることです。

5．計画を立てる－特定の状況でどのように行動したいかについて計画を立てることで，自制心が高まります。これは，「Xが発生した場合，Yを実行します」という形式をとることができます。これは，ストレスの多い状況で特に効果的な戦略であると考えています。ストレスの多い状況では，慎重かつ迅速に考える必要があります。

<table>
<tr><td>**復習問題**</td><td>マシュマロの研究を逆に営業に生かしたアイデアを考えましょう。</td></tr>
</table>

参考

【表 1-1】　大学生自己制御行動尺度の下位因子平均と標準偏差（岩渕，2017）

Ⅰ. 持続的制御	Mean=3.53, SD=.58	
Ⅱ. 積極的主張	Mean=3.13, SD=.63	
Ⅲ. 情動制御	Mean=3.36, SD=.96	

岩渕将士（2017）

【引用文献】

岩渕将士 著・2017大学生における自己制御行動尺度の信頼性・妥当性

Mischel, W. (1974). Processes in delay of gratification. In Berkowitz, L. (Ed.), Advances in experimental social psychology (Vol. 7, pp. 249–292). New York, NY: Academic Press.

Google Scholar ¦ Crossref

Marshmallow test(2020)https://www.youtube.com/watch?v=amsqeYOk--wMarshmallow test

Watts, T. W., Duncan, G. J., Haonan Quan(2018). ERevisiting the Marshmallow Test: A Conceptual Replication Investigating Links Between Early Delay of Gratification and Later Outcomes　Psychological Science, vol. 29, 7: pp. 1159-1177.

Chapter 2

個人：対人関係における気づき

◎**本時のねらい**
  1. 自己概念を知る
  2. 自己を知る意義を考える

導入問題	1.4人程度で1グループつくります。 2.自分の性格だと思う要素を下記の項目から選びましょう。複数でもかまいません。その番号を紙に書きだします。 3.相手の性格だと思う要素を同じく紙に書き，その人に渡します。全員分書き終わると，手元に自分と相手の数だけ紙が揃います。 4.自分が書いた番号と相手が書いた番号が重なり合っている場合，その番号を記入用紙のAに書きます。 5.相手が書いて自分が書いていない番号をBに書きます。 6.自分が書いて相手が書いていない番号をCに書きます。 7.誰も書いていない番号をDに書きます。 8.書き出された結果を確認し，自己分析してみましょう。

ジョハリの窓の項目例

①勝ち気である（内気でない）	㉔他人の評価を気にしない
②交際好きである	㉕信頼できる
③集中力がある	㉖親切である
④流行を取り入れる	㉗冒険を好む
⑤自信がある	㉘行動力がある
⑥真面目である	㉙慎重である
⑦陽気である	㉚問題解決能力が高い
⑧帳面である	㉛統率力がある
⑨挑発されない	㉜教えるのが上手い
⑩健康的である	㉝交渉が上手い
⑪柔軟性がある	㉞企画力がある
⑫めげない	㉟判断力がある
⑬話し上手である	㊱責任感がある
⑭現実的である	㊲傾聴力が高い
⑮悩まない	㊳空気を読める
⑯賢い	㊴大胆である
⑰過去にとらわれない	㊵穏やかである
⑱忍耐強い	㊶フレンドリーである
⑲自分の能力を理解している	㊷論理的である
⑳落ち着いている	㊸センスがある
㉑協調性がある	㊹自発的である
㉒礼儀正しい	㊺共感的である
㉓人をねたまない	㊻ユーモアがある

　ただし，相手が初対面の場合には下記の項目から選んでください。

①頭が良さそう，②センス良さそう，③真面目そう，④意志が強そう，⑤前向きに考えそう，⑥情熱がありそう，⑦行動力がありそう，⑧社交性がありそう，⑨信用できそう，⑩人に慕われそう，⑪優しそう，⑫常識がありそう，⑬プライドが高そう，⑭落ち着きがありそう，⑮頑固そう，⑯根性がありそう，⑰細かそう

記入用紙

A 開放の窓	B 盲点の窓
C 秘密の窓	D 未知の窓

感想を書きましょう

　この演習を「ジョハリの窓」といいます。このジョハリの窓の活用方法を考えましょう。

自己概念の定義

　自己概念とは「個人の属性や，自分が誰で何であるかを含む，自分自身についての個人の信念」です（Baumeister, 1999）。

　ジョハリの窓は，人々がより良い自分自身と他人との関係を理解するのに役立ちます。これは，心理学者のジョセフ・ラフト（1916–2014）とハリントン・インガム（1916–1995）によって1955年に作成され，主に自助グループや企業環境でヒューリスティックな演習として使用されています。社員同士の認識のズレや，お互いの個性を深く理解することで，仕事でのコミュニケーションがより円滑になります。LuftとInghamは，ファーストネームの組み合わせを使用してモデルに「Johari」という名前を付けました。性格や能力の分類方法は学者によっても違っていることが多く，一つの決まったものはありません。心理学者のオールポート（G.W. Allport）の調査によると，性格を表す言葉は17950個にも上るといいます。今回ご紹介するものは一つの例ですので，必要に応じて編集を加えて使用してください。

自己概念の研究

カール・ロジャーズ

　カール・ロジャーズに（1959）よれば，自己概念には，自己イメージ，自尊心，理想的な自己という三つの要素があります。自己概念は活発で，ダイナミックで，順応性があります。それは社会的状況や自己認識を求める自分自身の動機によっても影響を受ける可能性があります。理想的な自己と実際の経験が一貫しているか，非常に類似している場合，統合の状態が存在します。完全な統合状態が存在する場合はありません。すべての人がある程度の不一致を経験します。

　統合の発展は，無条件の前向きな配慮に依存しています。ロジャーズは，人が自己実現を達成するためには，彼らは統合状態にならなければならないと信じていました。

グループエンカウンター

　この映画は，これまでに一度も会ったことがなかった8人の適応能力の高い人々の16時間のグループセラピーのセッションを描いています。セッションは心理学者のカール・ロジャーズとリチャード・ファーソンが担当しました。参加者はレジ係，神学生，教師，校長，主婦，ビジネスマン3人です。1968年にアカデミー賞長編ドキュメンタリー賞を受賞。カール・ロジャーズとリチャード・ファーソンが進行役を務めています。

　エンカウンター・グループとは，1960年代に人間主義心理学の普及に伴って出現した集団心理療法の一形態です。カール・ロジャース（人物中心の心理療法の創始者）の仕

事は，精神分析的なグループから人間主義的な出会いのグループへのこの移動の中心と
なっています。このようなグループ（また，"T"（トレーニング）グループと呼ばれる）は，
対人コミュニケーションと心理的な経験の激化の新しいモデルを模索しました。最初の
グループは，当時の精神科で使われていた「病気」のグループワークでした。その後，「病
気」のグループワークモデルから脱却しようとする，保健研究者や労働者による実験的
な取り組みとなりました。つまり，精神科医ではない人々のための教育や治療計画へと
発展していきました。この映画は1960年代に低予算で，白黒で作られたものなので，
フィルムも音質も現代の基準には達していないのですが，これは歴史的な記録としての
価値があります。

http://tomorrowpictures.tv/lifestyle/XTtDNREAACEAdmaA/journey-to-self-1968
【写真2-1】 journey-to-self

　マイケル・アーガイル（Michael Argyle, 2007）は，自尊心に影響を与える四つの主要
な要因に影響されると述べています。自尊心は，自己概念の一部です。
① 他の人（特に重要な他の人）が私たちに反応する方法。
　人々が称賛し，お世辞を言い，注意深く耳を傾け，私たちに同意するなら，前向きな自
己イメージを育む傾向があります。彼らが避け，無視し，否定的な自己イメージを発
達させます。
② 他の人と比較してどう思うか
　自分自身を比較する人々（私たちの参照グループ）が自分よりも成功し，幸せで，豊
かで，見栄えが良いように見える場合，否定的な自己イメージを開発する傾向があり
ますが，彼らが自分よりも成功しなかった場合，自分のイメージは肯定的です。
③ 私たちの社会的役割
　医師，航空会社のパイロット，プレミアシップサッカー選手など，いくつかの社会的
役割は名声を持っています。そしてこれは自尊心を促進します。囚人，精神病院の患

者，ごみ収集員，失業者の役割には汚名がつきます。

④　私たちが他の人々と同一視する程度

役割は「そこにある」だけではありません。彼らはまた，私たちの個性の一部になります。つまり，自己が占める地位，自己が果たす役割，自己が属するグループと同一視します。

　もちろん，これらの要素は必ずしも単純明快なものではありません。また，これらすべての要因と同じくらい重要なのは，私たちの両親の影響であると述べています。

【引用文献】

Journey To Self 1968 - Tomorrowpictures.TV(2020) http://tomorrowpictures.tv/lifestyle/XTtDNREAACEAdmaA/journey-to-self-1968

Michael Argyle(2007) Social Interaction　Routledge

Rogers, C.（1959）：A theory of therapy, personality, and interpersonal relations, as developed in the clientcentered framework. In Koch, S.（Ed.）Psychology: A study of a science. Vol3. Formulations of the person　and the social context. McGraw-Hill. 184 − 256.（伊藤博（1967）パースナリティ理論　ロージァズ全集 8　岩崎学術出版社）

Chapter 3

自己概念

◎**本時のねらい**
1. スポーツと自己概念の研究を理解する

男子ゴルフ松山優勝は「アジア人差別の中，日本を元気づける」

欧米メディアが称賛

米紙マイアミ・ヘラルドは「アジア系に対する憎悪の中で日本を元気づける」と題する社説を掲載。「ストップ・アジアンヘイトが求められている時に，日本から来た男が歴史をつくった」と称賛した。日系米国人で女子空手の国米桜選手が暴言を浴びた問題にも触れ「スポーツは万能薬ではないが，松山選手の優勝は少なくとも日本人にとって少しだけ力になるだろう」と書いた。

自己概念の研究

　ここでは，スポーツが自己概念にどのように影響があるかマイアミ大学の社会心理学の研究の一部を紹介したいと思います。

　「大勝」の翌日，2年前にチームが最後に試合に勝って以来着用していない古いスウェットシャツやTシャツをみんなが引っぱり出し，スクールカラーやチームのロゴを誇らしげに表示しているのはなぜですか？ または，チームがチャンピオンシップに勝った直後に，別のチームが翌年に勝つまで，製品の売り上げが急上昇しませんか？ この現象は，社会心理学者によってBIRGingおよびCORFingとしてラベル付けされています。

　BIRGingは反射された栄光を浴びることの代名詞であり，CORFingは反射された失敗を遮断することを意味します。この現象の最も影響力のある研究の一つは，Cialdini et al (1976) によって行われました。週末にサッカーで勝利した後の月曜日の朝，六つの異なる大学の学部生が大学付属のアパレルを着用する可能性が高いことを示す調査を実施することで，BIRGingをサポートしました。彼らはまた，学生が代名詞を使用する可能性が高いことを発見しました。チームが負けた場合よりも勝利した後，学生たちは学校のユニホームを着て，チームの成功を自分たちと結びつけようとしました。

栄光浴 (BIRGing) と挫折浴 (CORFing)

　私たちは他者と自己を関連づけることによって，自己評価を高めたり，維持しようとする傾向があります。「BIRGing（栄光浴）」とは，評価の高い人や集団との関係を強調することで自己評価を高めようとする傾向をいいます。「CORFing（挫折浴）」とは，その逆であり，価値が低い他者との結びつきを避ける傾向をいいます。関連する用語である「準拠集団」とは，個人がその集団に属する一部として自己を関連付けることで，自己評価や判断に影響をもたらす集団を指します。

　BIRGingの概念は，他人の成功との同一性よって自分の自尊心と評価をどのように高めることができるかを説明する社会的アイデンティティ理論に根ざしています。BIRGingの鍵の一つは，この栄光を受け取ろうとしている人が，チームの成功をもたらすために具体的なことを何もしていないことです (Hirt et al.1992)。彼らは本当に獲得されていない反映された栄光を浴びています。人のパブリックイメージが脅かされると，BIRGの傾向はさらに強くなり，BIRGingは，自尊心への脅威に対抗するための重要な印象になります (Lee1985)。

　ファンがチームに対して持つ可能性のあるさまざまなレベルのコミットメントによって，障害が発生したときにファンがそのチームから距離を置くことができる程度が決まります。ファンが強く同盟している場合，社会的アイデンティティ理論は，彼らが距離

を置くのは難しいだろうと述べているので，彼らの自尊心を脅かさないために，ファンは損失の手がかりを外部に帰する必要がありますが，チーム自体には帰しません。人がそれほど密接に関連していない場合，彼らは CORFing の現象に従事します。これは，負けたチームから可能な限り離れることによって行われる，反映された失敗を遮断することを意味します。(Cialdini & Richardson 1980)。これらのファンは，失敗したチームに関して他の人からの否定的な評価を避けたいと考えています。チームへの識別とファンによるコミットメントの程度が近いほど，チームが負けた場合にファンが自尊心を失うリスクが高くなります。さまざまな方法でファンは，チームの栄光や挫折を表します。たとえば，負けた後はチームに所属する服を着ず，再び勝つまでチームをサポートしないことで，チームから距離を置く可能性があります。しかし，チームが勝利するとすぐに，個人はチームと再び交際することに時間を無駄にすることはありません (Hirt et al.1992)。

グループ外への偏見

　狂信者ファンには，グループ外に偏見のある人々がいます。多くの場合，グループ内／グループ外のバイアスが発生し，グループ内はグループ外よりも優れていると見なされます (Devine, 1996)。これはまた，グループ間のバイアスにつながる可能性があります。これは，グループ内の人々が，グループにとって有益である場合は違いが良好であり，グループ外に存在する場合は否定的であると見なす場合です。

ファン行動と社会的アイデンティティ

　ファンの行動についての別の説明は，社会的アイデンティティ理論に見られます。そこでは，人は自尊心を高める方法で行動するように動機づけられます (Tesser, 1995)。スポーツファンは，スポーツチームと同一視することで，自尊心を維持または向上させることができると感じています。チームと同一視する方法は，ファンによって，それぞれ BIRGing（栄光浴）と CORFing（挫折浴）を通じて示されます。

　狂信的ファンは，自己認識を失い，周囲の他の人が自分の行動をどのように評価するかについての懸念を減らした，非個人化と呼ばれるプロセスを示します (Mann, et al。, 1982)。このように，人々はスポーツに夢中になっていると，アイデンティティの一部を失ったり，変えたりして，まったく新しいアイデンティティを身に付けているように見えます。多くの場合，人々はスポーツイベントの瞬間に一掃され，個性を失い，グループとして行動します。たとえば，フーリガンや暴動が発生したりする場合があります。

　ここでは特に取り上げられていないファンの行動に影響を与える要因に，攻撃性，男女共同参画，文化が含まれます。個人がスポーツイベントで，あるいはテレビでスポー

ツを見ているときでさえ，ファンが行うように行動する理由についてのさらなる研究が必要でしょう。

【引用文献】

Cialdini, R.B. & Richardson, K.D. (1980). Two indirect tactics of image management: Basking and blasting. Journal of Personality and Social Psychology. 39, 406-415.

Hirt, E.R. & Zillmann, D. (1992). Costs and benefits of allegiance: Changes in fans' self-ascribed competencies after team victory versus defeat. Journal of Personality and Social Psychology. 63, 724-738.

Lee, M.J. (1985). Self-esteem and social identity in basketball fans: a closer look at basking in reflected glory. Journal of Sport Behavior. 8, 210-224.

Living in a Social World　Psy 324: Advanced Social Psychology　Spring,(1998) Basking in Glory and Cutting off Failure　by　Merritt Posten

https://www.units.miamioh.edu/psybersite/fans/bc.shtml

Myers, D. G. (1996). Social Psychology. New York: McGraw-Hill.

東京新聞（2021）男子ゴルフ松山優勝は「アジア人差別の中，日本を元気づける」 欧米メディアが称賛

Chapter 4

自己概念の特徴

◎**本時のねらい**

1. 自己概念の特徴を理解する

導入問題	① あなたは，テスト前に，ついマンガを読みはじめたり部屋の掃除をしてしまったりすることがありませんか？ または，無意識で「本気を出せば，自分は良い結果を出せる」と思い込む余地を残しておけるようにしていませんか？

導入問題	② 自己の意見を通す方法として次の三つがあります。説得の方法としてどの方法が望ましいでしょうか。また，それぞれの特徴をあげなさい。 A：「いや，むしろB案の方がいいと思います。なぜかというと…」ときっぱり言う B：「そうですね，たしかに（やっぱりB案がいいんだけどな…）」 C：「なるほど，確かに一理ありますね。そのうえで，○○の観点で考えると，B案も良いと感じますが，いかがでしょう？」

A：攻撃的なコミュニケーション，相手に自分の主張を押し付けてしまう言動
B：非主張的なコミュニケーション，自分の意見をいえず，自分の中にストレスが溜まってしまう言動
C：否定語を使わず「そのうえで」という接続詞，相手に感謝をしながら「自分」を主語にして気持ちを述べる

自己概念の特徴：セルフ・ハンディキャッピングと自己評価維持モデル

　自己評価を維持するための，自己の認知や行動に関するモデルとして「セルフ・ハンディキャップ」や「自己評価維持モデル（SEM）」が挙げられます。

セルフ・ハンディキャッピング：

　セルフ・ハンディキャッピングとは，自己の能力に比べて目標が達成困難であったり，成功の確信が持てない場合において，失敗した時でも他のせいであると言い訳ができるように，自らハンディキャップを設ける行動を指します。つまり，失敗しても，自尊感情を維持できるように「結果が出る前に自分に不利な条件があることを主張したり，それを自ら作り出すことで，失敗しても仕方がないという事態を作り上げること」を行います。成功した時には，ハンディキャップがあるのに成功したと自己の評価を高められることになります。

自己評価維持モデル（SEM）

　自己評価維持モデル（SEM）とは，人は肯定的な評価を維持することに動機付けられていると考えます。自己評価維持モデルでは，自己評価を維持するために「1．心理的に近い他者」「2．その他者が自分より能力が優れているという認知」「3．活動への自身の関与度」の3要素を変容しようとすると考えます。たとえば，チームで行う仕事が失敗した時に，「私はあまり関与してなかったので」と発言する人には，自己評価を維持するため「3．活動への自身の関与度」を変容しようとしていると理解することができます。

透明性の錯覚（透明性錯誤）

　透明性の錯覚（透明性錯誤）とは，「自分の内的状態が，実際以上に他者に対して明らかになっている（伝わっている）と過大評価する傾向」のことです。うそや隠しごとなど他者に気づかれたくないという場面だけでなく，愛や懺悔の気持ちなど正確に相手に自分の内面を伝えたい，という場面でも生じているとされます。"わかっているはずだ"という誤解が生まれる要因の一つと考えらます。

スポットライト効果

　スポットライト効果とは「自分の装いや振る舞いが，実際よりも周囲の注目を集めていると推測すること」です。たとえば，会議で発言した参加者は，周囲が認識するよりも自分は印象に残る発言をしたと考えたり，会議の途中で退席した場合は，実際より自分は目立ってしまっていると推測することが報告されています。

説得に関する効果や方法

　説得とは，コミュニケーションによって受け手の理性や感情に働きかけ，相手の自発性を尊重しながら送り手の意図する方向に受け手の意見，態度，行動を変化させることを指します。説得のうち，内容に基づく説得を「中心的ルート」といい，多くの議論や専門家の判断などといった議論の本質と関わりのない手掛かりに基づくものを「周辺ルート」といいます。

説得に関する効果や方法：スリーパー効果

　「スリーパー効果」とは，時間が経つと送り手の印象が薄れて説得効果が増大する現象を呼びます。説得の効果は，送り手の信憑性にも依存しますが，信憑性の低い送り手のメッセージでもスリーパー効果が生じます。これは信頼性への忘却の方が，情報内容の忘却より早いためとされます。

説得に関する効果や方法：ブーメラン効果その他

　「ブーメラン効果」とは，説得への抵抗の表れであり，送り手の意図から離れる方へ受け手が意見や態度を変容させることを指します。

説得に関する効果や方法：段階的要請法 (foot in the door technique)

　段階的要請法とは，数回にわたり段階的に他者に働きかけることで，相手の応諾を得やすくする方法です。foot in the door（フットインザドア）の英語から由来します。

譲歩的要請法 (door in the face technique)：

　譲歩的要請法とは，最初に拒否されるような大きな要請を出し，拒否させた後に本来の目的である小さな要請を出す方法です。受け手が，送り側から否定的な評価を受けたくないという自己呈示に基づきます。shut the door in the face（シャットザドア・インザフェイス）から由来します。

両面的コミュニケーション (two-sided communication)：

　自分の主張だけでなく，それに反対する議論についても相手に伝えることです。対義語としては，一面的コミュニケーションがあります。

【引用文献】

Argyle, M. (2008). Social encounters: Contributions to social interaction. Aldine Transaction

Baumeister, R. F. (Ed.) (1999). The self in social psychology. Philadelphia, PA: Psychology Press (Taylor & Francis).

Rogers, C. (1959). A theory of therapy, personality and interpersonal relationships as developed in the client-centered framework. In (ed.) S. Koch,Psychology: A study of a science. Vol. 3: Formulations of the person and the social context. New York: McGraw Hill.

心理学用語 https://psychologist.x0.com/terms/164.html

Chapter 5

個人：帰属
（出来事の原因を求める心理過程のこと）

◎本時のねらい
 1. 帰属理論を知る

導入問題	① あなたは新型コロナ感染症（COVI-19）にかかったとします。原因を下記から選びなさい。 1．自分の予防能力不足だった 2．ここまで拡大すると現状では，予防は難しい 3．運が悪かった

導入問題	② 次の図は何に見えますか？

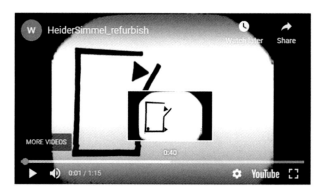

https://thesalience.wordpress.com/psychology-101/social-psychology/
attribution/theories-of-attribution/

【写真5-1】　ハイダーとシンメルの実験

ハイダーの帰属理論

実験結果

　34 人の参加者のうち，1 人の参加者だけが幾何学的な用語で映像を説明しました。小さな三角形が長方形に入り，動き回っています。他のすべては，人間の意図と動機を示す方法で動きを説明しました。何らかの物体を擬人化することは，人間の考え方の共通の特徴です。

　ただの三角形や丸なのに，「いじめる」「守る」「逃げる」など，社会的な役割をイメージできるような高次な要素が動きの中に含まれています。このように単純な幾何学図形に対して社会性すら感じてしまう（意味を創り出してしまう）ことがあります。ハイダーは，この考えを人々に関する帰属に拡張しました。「動機，意図，感情…明白な行動に現れるコアプロセス（特定の問題を解決する相互に関連する過程）」と考えました。

　人間は自分の行動や行動に原因を割り当てるように動機づけられています。社会心理学は，帰属は個人が行動や出来事の原因を説明するプロセスであると述べています。このプロセスを説明するモデルは，帰属理論と呼ばれます。ただし「帰属理論は，現実に人間が行う推論をモデル化したというよりは，合理的な判断はこうなるはずだという規範理論的な色彩が濃い傾向がある」（外山，1994）。

ハイダーとシンメルの実験の考察

　ハイダー（1958）は，人々は二つの主要なニーズ（一貫性と安定性）によって動機付けられていると主張しました。そして，世界の首尾一貫した見方を形成する必要性と環境を管理する必要性を述べました。

一貫性と安定性の背景：

　ハイダーは，予測と制御の能力に対する欲求は，人間をナイーブな科学者のように振る舞わせると述べています。具体的には，他人の行動について私たち自身の仮説を合理的かつ論理的に考えようとする一貫性を持っているとしています。そして，出来事の結果を何らかの因果関係に結びつけ，結果として心理的安定性につながります。

帰属の定義

　帰属（きぞく）とは，出来事や他人の行動や自分の行動の原因を説明する心的過程のこと，すなわち誰かもしくは何かのせいにすることです。ゲシュタルト心理学者のフリッツ・ハイダー Fritz Heider（1896-988）は，20 世紀初頭の「帰属理論の父」とよく言われます。

【写真5-2】 Fritz Heider (1896-1988)

原因帰属：アトリビューション理論

　英語の Attribute（おかげと考える／〜に起因する）を語源とし，もともとはビジネスで使われていた用語です。たとえば，広告媒体の予算とリターン（＝収益）の分析に用いられた言葉です。

　帰属は，個人が行動や出来事の原因を説明するプロセスに取り組む社会心理学の概念です。アトリビューション理論は，これらのプロセスを説明しようとするさまざまなモデルの総称です。因果関係の安定性と原因を求める位置の二つのカテゴリに分類される四つの主要なタイプの帰属があります。

【表5-1】　成功失敗の認知的決定要因

安定性	帰属（原因）を求める位置	
	内的	外的
安定	能力	課題の困難度
不安定	努力	運

　因果関係には，内部および外部の帰属が含まれます。内部帰属は，行動の原因を自分の内部に設置することです。これは，性格，気分，または能力である可能性があります。この概念は，個人が自分に起こるすべてのことに個人的に責任があると感じています。「たとえば，宝くじに当たった。日頃の自分の行いがよいからだ」と考える人は，原因を内的に求めています。一方，外部帰属とは，状況の性質，社会的圧力，運など，行動の原因を人の外部にあるものとして特定する説明です。外部帰属は，状況帰属とも呼ばれ，個人の環境によって引き起こされたものとして誰かの行動を解釈することを指します。たとえば，車のタイヤがパンクした場合，それは道路の穴が原因である可能性があります。高速道路の状態が悪いことに起因することで，実際には自分の悪い運転の結果であ

る可能性があるのに不快さを感じることなく，出来事を理解しようとします。

対応する干渉理論（ジョーンズとデーヴィス；Jones,E.E.&Davis,K.E. 1965）

特に行動の原因が行為者の内的属性（性格・態度）に帰属される場合の条件を詳細に分析し，内的帰属（性格・態度）がなされるかどうかは対応性が決め手と考えました。

(1) 外的圧力の有無
強制されたり役割期待に基づく場合は対応性が低くなり，内的帰属（性格・態度）と関係ない

(2) 非共通効果の数
その行為をすることによって他では得られない特別な効果が多く期待できるとき対応性は低くなり，内的帰属（性格・態度）と関係ない

(3) 社会的望ましさ
その行為が社会的規範に合った望ましいものであれば対応性は低くなり，内的帰属（性格・態度）と関係ない

帰属研究の意義

人間の行動の出来事についてはさまざまな種類の説明がありますが，ハイダーは説明を二つのカテゴリに分類すると非常に役立つことを発見しました。内部（個人）および外部（状況）の帰属。内部帰属がなされるとき，与えられた行動の原因は，能力，性格，気分，努力，態度，または気質などの個人の特性に割り当てられます。外部帰属がなされると，与えられた行動の原因は，課題，他の人，または運などの行動が見られた状況に割り当てられます（行動を生み出す個人が周囲の環境または社会的状況）。これら二つのタイプは，個人の非常に異なる認識や行動につながります。

現在，帰属過程は必ずしも合理的な規範モデルで説明できるものではなく，認知的要因や自己の自尊感情などによって誤りやバイアスが生じやすいものであることが明らかにされています。

参考

　ここでは, スポーツに対する原因帰属に関する伊藤・島田, (1982)の研究を紹介します。

　努力に帰属される成功は, 課題のやさしさに帰属される成功よりも, 成功に対する誇りや有能感のような感情反応は高いと考えられます。このような認知的プロセスを経て感情反応と期待の変化が, 最終的に次回以降の達成行動の強さ, 方向, 持続性を決定するとされます。

　運動やスポーツの場面では, その特性としての競争性から必然的に勝敗を繰り返し経験しなければならないために, その原因の認知過程は極めて重要な意味を持つといえます。また体育の学習場面では, 失敗経験の反復に起因すると考えられる「運動ぎらい」や「体育ぎらい」の問題がしばしば指摘されているように, スポーツにおける原因帰属を検討することは, 教師の具体的指導に有益な手がかりを与えると思われます。

　ところで, 体育・スポーツ事象を原因帰属の立場から検討した研究は, そのほとんどが運動課題での成功・失敗あるいはスポーツでの勝敗に対する原因帰属のパターンを検討したものであり, 体育・スポーツ場面でのパフォーマンスが何によって規定されていると認知しているかという一般的な傾向を検討しようとした研究はみあたりません。

　また, 体育・スポーツ事象を原因帰属の立場から検討する場合, 原因帰属と同様に運動パフォーマンスを規定していると考えられる自己評価や態度などとの関係を検討する必要があると考えられます。

伊藤・島田, (1982)の研究結果　参考

　自己評価と同様に, 男子では努力要因が好意的態度を高める傾向にあるのに対し, 女子では能力要因と課題の困難度要因が好意的態度を低減させる傾向がありました。つまり, 男子の場合, 努力要因が成績を規定する肯定的要因と認知し, 女子では, 努力の必要性は認めるものの成績には反映されず能力や課題の困難度要因を否定的要因と認知するという差異が, 態度を規定する帰属要因における差異をもたらしたと考えられました。

【引用文献】

Jones, E. E., & Davis, K. E. (1965). From acts to dispositions: The attribution process in person perception. In L.Berkowitz (Ed.), Advances in experimental social psychology. Vol. 2. New

York: Academic Press. pp. 219–266.

ハイダーとシンメルの実験（2020）https://thesalience.wordpress.com/psychology-101/social-psychology/attribution/theories-of-attribution/

Fritz Heider (1896-988) https://www.hyperkommunikation.ch/personen/heider.htm

伊藤豊彦・島田正大（1982）島根大学教育学部紀要．教育科学 16 , 43 - 48 , 12-25

外山みどり（1994）「基本的な帰属のエラー（Fundamental AttributionError）」をめぐって．大阪大学人間科学部紀要．24. 231-248

Chapter 6

個人の認知・共感・道徳 そして集団行動： **より深く考える**

◎本時のねらい
1. 集団行動を理解する

導入問題	オリンピック・パラリンピックは無観客で行うことによって，選手に影響があると思いますか？ あるとしたらそれはどのような影響でしょうか？

社会的促進と抑制

次の作業時間の実験結果を考えてください。

社会的促進と社会的抑制を研究するために，ヘイゼル・マルクス Hazel Markus（1978）は，目立たない実験的操作を使用して，他の人の単なる存在が個人のパフォーマンスに影響を与える可能性があるという仮説をテストしました。明確なパフォーマンス基準がなく，評価の不安を引き起こす可能性が非常に低い課題が採用されました。

被験者になじみのある服と，なじみのない服（白衣を着て後ろで結ぶ）の両方を与えました。

被験者は，三つの社会的状況のいずれかで両方の課題を実行するように求められました。

（a）一人で作業している被験者

（b）被実験者への観衆有

（c）被実験者への偶発的観衆有

社会的促進と抑制：結果

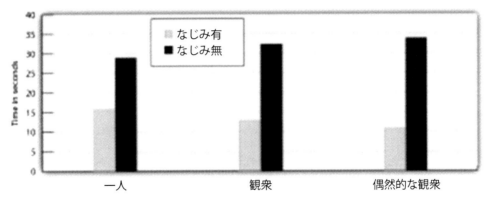

【図6-1】 社会的促進と抑制の実験結果（Markus, 1978）

社会的状態（観衆と偶発的な観衆）は両方とも，課題のよく学習された側面（自分の服を着たり脱いだり）での時間を短くさせ，より複雑な側面（なじみのない服での作業）では長時間がかかりました。他者の存在だけが社会的促進と社会的干渉効果の十分条件であると結論付けられました。

難しい課題は，全体的にゆっくりと実行されることを最初に発見しました。観衆がいると，参加者は簡単な課題をより速く実行し，より困難な課題をより遅く実行する交互作用効果を発見しました。観衆の偶然・必然は関係ありませんでした。

社会的促進と抑制の理論：ザイアンスZajonc の動因説

　他者が他者の行為に影響を与える根拠はなんでしょうか？ ザイアンス（1965）は初期の社会的促進及び抑制に関する研究について，促進効果，もしくは抑制効果が発生しているこれまでの研究を概観し，統一的に説明可能な理論を提唱しました。それが動因説です。初期の社会的促進及び抑制の検討は，現象報告が主でしたが，ザイアンスの動因説以降，仮説検証型の研究数は加速的に増加しました。また，動因説に対する批判から，自己呈示説，そして注意葛藤説など，社会的促進及び抑制が生じる過程を説明する諸理論が生まれました。ここでは社会的促進の生起過程を説明する代表的な理論である，動因説のみについて先行研究を交えながらまとめます。その後，理論の限界を指摘し，社会的促進及び抑制に関する理論の再構築に必要な論点を提示します（請園, 2016）。

　初期の研究により，他者の存在は，学習されている反応や生得的な反応を含んだ課題には促進的に作用し，新しい反応の獲得を含んだ課題においては，抑制的に作用することが明らかになりました（オールポート Allport, 1924）。この考えに加えて，ザイアンスは，覚醒，動因，優勢反応という概念を導入しました。即ち，他者の存在（mere presence）が知覚されると，自己の覚醒度と動因が上昇し，そのとき優勢な反応が生起し，それが学習済みの反応であるならば促進が，不慣れな反応であるならば抑制が起きると考えました（図 1）。（請園, 2016）

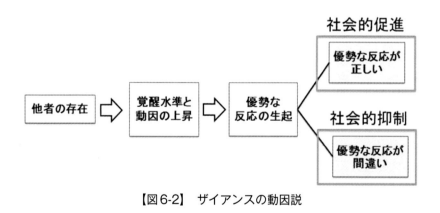

【図6-2】　ザイアンスの動因説

　ザイアンスとセールス（1966）は動因説における，学習頻度の高低が，優勢な反応の正否に繋がり，正しければ社会的促進となり，間違えていれば社会的抑制となるとする仮説の検証を行いました。

　まず参加者にとって初見になるトルコ語を学習させます。参加者は，学習頻度の高い群と低い群に分けられ，学習後に再認課題を実施し，再認課題中の観察者の有無を操作しました。学習頻度は，トルコ語の学習を再認課題前にリストの最初から最後まで通して学習した回数で分けられていました。高群は 20 回通して学習，低群は 3 回通して学習

していました。その結果，学習頻度の高群で再認課題中に観察者がいる条件が，単独条件と比べ，課題成績が高く社会的促進が起こりました。逆に学習頻度の低群では，再認課題中に観察者がいる条件が，単独条件と比べ，課題成績が低く社会的抑制が起こりました。即ち，観察者の存在は，学習頻度の高群には促進の効果を及ぼし，逆に学習頻度の低群には抑制の効果を及ぼしました。この結果は学習済みの反応であるか否かによって，社会的促進か生じるか社会的抑制が生じるかが分かれるとする動因説の考えを支持するものでした。

　ザイアンスは実験操作を通じて，社会的促進と抑制を切り分けることに成功し，更に，動因説の仮説通りの結果となったことから，これ以降，爆発的に仮説検証型の社会的促進及び抑制の研究が広がっていきました (Guerin, 1993)。

ザイアンスのゴキブリの実験？？

　ザイアンスら (Zajonc, Heingartner, & Herman, 1969) は評価を含む観察者ではなく，評価を含まない他者のみ (mere presence) で社会的抑制が生じるかを検討するため，ゴキブリを用いた実験を行いました。動因説と対立する コットレル Cottrell の自己呈示説では，「他者から評価されること」が覚醒度上昇の主要因であると考えられていたが，ザイアンスは社会的促進及び抑制の生起に他者からの評価は必要ないと考えていた。そのため，「他者から評価される」という概念が無いと想定されるゴキブリを用いて検討したのです。彼らは，迷路課題を用いて，単独条件と他者条件との間で成績を比較したところ，他者条件では，単独条件と比べて移動速度が速くなりました(社会的促進)。したがって，この結果は動因説における，他者の存在ただそれだけで社会的促進及び抑制が生じるとする考えを支持するものと考えられました。

社会的促進と抑制の理論：Zajonc の実験の追試

　Chapman (1973) は子供にヘッドフォンを用いて面白い話を聞かせる際に，
- 単独で聞く群,
- 子供の観察者に見られつつ聞く群,
- 同じ話をヘッドフォンで聞いている子供が隣にいる群と

　3 条件に割り当てて検討した。笑い声の大きさ，長さ，笑顔の時間を算出したところ，隣で同じ話を聞いている子供がいる条件が他の条件に比べ，笑い声，笑顔の時間が最も長くなりました。更に，単独で聞く条件に比べ，子供の観察者の条件においても，笑い声，笑顔の時間が長くなりました。この観察者は一緒に面白い話を聞いているわけではない。ただそこにいるだけの人です。それにもかかわらず，単独条件に比べ有意な差が見られるという結果は，動因説を支持する結果であると解釈されました。

　その後も，ただ他者がいる (mere presence) ことで，社会的促進が起きることを示す研究がいくつか報告されています。たとえば，観察者が作業中の参加者に注意を向けな

い状況においても社会的促進が起きることや (Markus, 1978)，観察者に目隠しと，ヘッドフォンを付けても社会的促進が起きると報告した研究があります (Schmitt, Gilovich, Goore & Joseph, 1986)。しかしながら，メタ分析によると，ヒトを対象とした研究では，ただ他者がいるという状況において，一貫して社会的促進や抑制が起きるわけではないこと，また，ただ他者がいるという条件よりも，評価する観察者の存在の方がより促進の効果，もしくは抑制の効果が大きいことが 指摘されています (Bond & Titus, 1983)。

社会的促進：個人変数：課題の特性

　メンバーの特性は，個々のグループメンバーの関連する特性，スキル，または能力です。たとえば，ロープを引っ張る作業では，メンバーの特性は，グループメンバーのそれぞれが自分でロープを強く引っ張る能力です。スキルが異なることに加えて，グループのパフォーマンスに関連する性格要因も人によって異なります。グループに参加してそれらのグループに積極的に貢献する意欲のある人もいれば，グループのメンバーシップにもっと警戒し，一人で働くという目標を達成することを好む人もいます。さらに，彼らがグループにいるとき，人々はグループの相互作用においていくらか異なった反応をすることが期待されるかもしれません，それぞれが自分の社会的および個人的な目標を達成するためにグループを使用しているからです。メンバーのスキルがグループのパフォーマンスに影響を与える程度は，グループのタスクによって異なります。自動車の組立ラインでは，タスクの実行に必要なスキルは比較的最小限であり，関係する個人間の調整はそれほど多くありません。この場合，グループの結果に影響を与えるのは，主に課題に取り組んでいる個人の数とスキルです。外科チームや企業内の作業チームなどの他のケースでは，グループにはさまざまなスキルを持つ個人が含まれ，それぞれが非常に異なる課題で作業します。このような場合，グループメンバー間のコミュニケーションと調整が不可欠であるため，グループプロセスは非常に重要になります。さまざまなスポーツの文脈におけるメンバーのスキルの変化例として，ジョーンズ (1974) は，個々の野球選手のスキルが野球チームのチームパフォーマンスの99％を占めていますが（したがって，グループプロセスは1％しか占めていない），個々のバスケットボール選手のスキルはチームの35％しか占めていないことを発見しました。

復習問題	1．社会的促進・抑制の理論を考えたのはだれですか？ 2．1の理論化はその後どのような影響を与えましか？ 3．社会的促進によってあなたのパフォーマンスが向上した学習状況を説明してください。

Chapter 7

社会的状況に
おける仕事と課題

◎**本時のねらい**

1. 集団行動の要因について理解する。

集団行動を支える要因はどのようなものがありますか？

社会的状況の重要性：仕事・課題の特徴

　グループメンバー自体の特性は重要です。しかし，グループのパフォーマンスを完全に理解するには，グループの状況の詳細（たとえば，グループが実行する必要のある課題）も考慮する必要があります。ここで，グループによって実行される可能性のあるさまざまなタイプの課題のいくつかと，それらがパフォーマンスにどのように影響するかを考えてみましょう（Hackman & Morris, 1975；Straus, 1999）。

　基本的な違いの一つは，課題をより小さなサブ課題に分割できるのか，それとも全体として実行する必要があるのかということです。組立ラインで車を建てたり，家を塗装したりすることは，仕事に取り組んでいるグループメンバーのそれぞれが同時に仕事の別々の部分を行うことができるため，分割可能な作業です。グループは，作業を分割することで，グループメンバーが自分たちが最もよく実行する課題に特化できる場合，分割可能な課題で特に生産的になる可能性があります。あるグループメンバーが専門家のタイピストであり，別のメンバーが図書館研究の専門家である場合など，課題の作成が容易になります。一方，山に登ったりピアノを動かしたりすることは，単一の課題です。一度に実行する必要があり，分割することはできません。この場合，各グループメンバーは同時に同じ課題に取り組む必要があるため，グループメンバー間の特殊化はあまり役に立ちません。

加算課題

　課題を分類する別の方法は，グループメンバーの貢献を組み合わせる方法です。各グループメンバの入力は，グループのパフォーマンスを作成するために一緒に加算され，そのグループの予想される性能は，グループメンバーの入力の合計です。チームの全体的なパフォーマンスは，チームメンバー全員の努力の合計であると予想されるため，綱引きは加算課題の良い例です。

平均化課題

　平均化課題は，グループの力は，個人のパフォーマンスが平均化されます。たとえば，国別学力調査です。平均値が国の代表値になります。個人の得点よりも，国全体の得点が重要になります（Armstrong, 2001; Surowiecki, 2004）。

選言課題

　別の課題分類では，グループのパフォーマンスがグループ最高のメンバーの能力に依存している課題と，グループのパフォーマンスが最悪のメンバーまたはグループのメンバーの能力に依存しているタスクを比較します。グループのパフォーマンスが最高のグループメンバーによって決定される場合，それを選言課題と呼びます。

　代表者が有名校に合格すればよい等がそれにあたります。問題に対する正解はすぐにはわかりません。各グループメンバーは問題の解決を試みます。運が良ければ，1人以上のメンバーが正しい解決策を見つけ，それが起こったときに，他のメンバーはそれが本当に正しい答えであることがわかります。この時点で，グループ全体が問題を正しく解決しているため，グループのパフォーマンスは，グループ最高のメンバーの能力によって決定されます。

結合課題

　対照的に，結合課題では，グループのパフォーマンスは，パフォーマンスが最も低いグループメンバーの能力によって決定されます。ラインで作業する各個人が製造中の部品に1本のネジを挿入する必要があり，部品が一定の速度でラインを下って移動する組立ラインを想像してみてください。ある個人が他の個人よりも大幅に遅い場合は，その個人の能力に合わせて回線全体の速度を遅くする必要があります。別の例として，グループ内で山をハイキングすることも，最も遅い登山者が追いつくのをグループが待たなければならないためです。

理知的課題

　課題間のさらに別の違いは，グループが作成している特定の製品と，そのグループの出力の測定方法に関するものです。理知的な課題は，意思決定や判断をするグループの能力を必要とします。具体的には，グループが使用する意思決定や意思決定の質を作るというプロセスのいずれかを研究することによって測定されます。たとえば，陪審が評決に到着した場合です。

最大課題

　最大課題は，多数のグループがそれぞれ測定された性能をもった製品を作ることができるかによって決定されます。たとえば，組立ラインで製造されるコンピューターチップ数，ブレーンストーミンググループによって生成される創造的なアイデアの数，建設作業員が家を建てることができる速度などです。

Chapter 8

社会的手抜き

◎**本時のねらい**

　1. 社会的手抜きについて理解する

社会的手抜き：リンゲマン効果

個人のパフォーマンスに対するグループの影響に関する独創的な研究で，Ringelmann（1913; Kravitz & Martin, 1986 で報告）は，課題で一緒に作業するときに個人が最大限の可能性に到達する能力を調査しました。リンゲルマンは，個々の男性とさまざまな数の男性のグループに，ロープでできるだけ強く引っ張ってもらい，引っ張ることができる最大量を測定しました。ロープを引っ張るのは付加的な作業であるため，グループが引っ張ることができる合計量は，個人の貢献の合計である必要があります。ただし，図に示すように，「リンゲルマン効果，リンゲルマンは，グループに個人を追加すると，ロープを引っ張る全体的な量が増えることを発見しましたが（グループはどの個人よりも優れていました），プロセスの大幅な損失も発見しました。

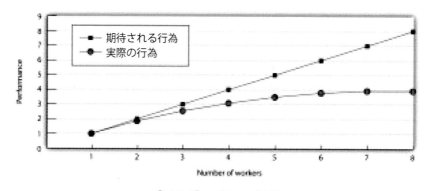

【図8-1】 グループ人数

グループのサイズが大きくなるにつれてグループの生産性が低下するこのタイプのプロセス損失は，拍手，応援などのタスクを最大化するなど，さまざまなタスクで発生することがわかっています（Latané, Williams, Harkins, 1979 ; Williams, Nida, Baca, & Latané, 1989）。さらに，これらのプロセス損失は，インド，日本，台湾などのさまざまな文化で観察されています（Gabrenya, Wang, & Latané, 1985; Karau & Williams, 1993）。グループの最大のパフォーマンスは，すべての参加者がまったく同時に最大の努力を払った場合にのみ発生します。

社会的手抜きは，誰もが従事し，時々あらわれるものです。それは，クラスプロジェクト（Ferrari & Pychyl, 2012），職業パフォーマンス（Ülke, & Bilgiç, 2011），チームスポーツへの参加（Høigaard, Säfvenbom, & Tønnessen, 2006）など，幅広いグループの取り組みに悪影響を及ぼします。その多くの社会的費用を考えると，社会的手抜きを減らす

ために何ができるでしょうか？ 研究者のレビューで，Karau and Williams (1993) は，グループが重い負荷課題に取り組んでいる場合，手抜きが発生する可能性が高いと結論付けました。彼らはまた，課題がグループメンバーにとって意味があり重要である場合，各人に責任領域が割り当てられた場合に手抜きが削減され，彼または彼女が行った貢献が認められ，称賛されたことを発見しました。これらは，私たち全員がここで進めるためのいくつかの重要な教訓です。

社会的手抜きの個人要因

平均して，女性は男性よりも手抜きが少ない (Karau & Williams, 1993)。男性はまた，手抜きによって社会的拒絶に反応する可能性が高いのに対し，女性は社会的拒絶があってもより一生懸命働く傾向があります (Williams & Sommer, 1997)。これらの調査結果は，男女混合の企業の取締役会がすべての男性の取締役会を上回っていることを指摘した，私たちのケーススタディに光を当てるのに役立つ可能性があります。簡単に言えば，女性を含むグループは手抜きを少なくし，したがってより高いパフォーマンスを示すと予測します。

社会的手抜きの文化要因：実験 (Christopher P. Earley, 1989)

文化と性別は，社会的手抜きの割合に影響を与えることが示されています。クリストファー P. アーリーは，アメリカと中国でグループワークの実験をしました。米国はより個人主義的で，中国はより集団主義的です。

実験結果と考察

低い説明責任があるときの方が，高い説明責任があるときよりも，タスクでのパフォーマンスが低いことがわかりました（先行研究と同じ）。集団主義者は，高い共有責任があるときには，一人で仕事をしているときに比べて，説明責任を負うことになっているかにかかわらず，課題に対して良いパフォーマンスを示しました。

集団主義的思考が社会的手抜き効果を減少させることを示唆しています。同様の研究からのさらなる証拠は，個人主義的な（アメリカの）中国人労働者が確かに社会的手抜き効果を示していたので，この効果は国籍よりもむしろ集団主義的思考に関連していることを示しています。

Groupthink（集団浅慮または集団思考）

　Groupthink は，どんな犠牲を払っても大多数の意見に準拠しています。それは，政府グループによってなされた意思決定政策を研究した社会心理学者アーヴィング・ジャニスによって最初に特定されました。Groupthink は，集団で合議を行う場合に不合理あるいは危険な意思決定が容認されること，あるいはそれにつながる意思決定パターンです。いわゆるデマや流言，インターネットから発生する幼稚な自己表現などがここから発生する要因にもあります。それを防ぐためにも，グループリーダーは，新しいアイデアや建設的な批判を奨励し，促進する必要があります。グループ思考を回避するもう一つの方法は，外部コンサルタントを招待してグループディスカッションに参加し，評価することです。

まとめ

　ある状況では，社会的抑制はグループ設定での個人のパフォーマンスを低下させますが，他の設定では，グループ促進は個人のパフォーマンスを向上させます。グループは個人よりもパフォーマンスが優れている場合がありますが，これは，グループ内の人々がグループの目標を達成するために努力を費やし，グループがグループメンバーの努力を効率的に調整できる場合にのみ発生します。グループのパフォーマンスのメリットまたはコストは，グループの潜在的な生産性をグループの実際の生産性と比較することで計算できます。違いは，プロセス損失またはプロセス利益（複数人による相互支援や相乗効果により利益が生じること）のいずれかになります。グループメンバーの特性はグループの結果に大きな影響を与える可能性がありますが，グループのパフォーマンスを完全に理解するには，グループの状況の詳細も考慮する必要があります。グループ課題を分類すると，グループが多かれ少なかれ成功する可能性が高い状況を理解するのに役立ちます。一部のグループプロセスの損失は，調整と動機付けの難しさ（社会的手抜き）によるものです。

	1．人生のどのような状況で，他の人が社会的手抜きをするのを最も頻繁に見ましたか？
復習問題	2．なぜそうだったと思いますか？
	3．あなたが社会的手抜きに従事したときのことを説明し，私たちが議論した研究のどの要因があなたの手抜き行動を最もよく説明しましたか？

導入問題の参考

1）「業務分担」の問題

各々の作業において重複が多くあることで生じる無駄。

各々の作業の目指す方向が一致していないことで生じるブレ。

2）「当事者意識」の問題

集団の中で自分の役割が見えにくいために生じる貢献意識の低下。

自分がやらなくても，他の誰かがやってくれるだろうという当事者意識の希薄化。

3）「評価」の問題

自分だけがんばってもきちんと評価してくれないことで低下するやる気。

集団だと手抜きしてもばれないのではないかという怠惰な感情。

4）「意識持続」の問題

集団に埋没することで自分への注目が薄れ，緊張感や集中力が徐々に低下。

部下に明確な役割と目標を与え，その意義や重要性をきちんと説明して納得させること。

成果を公正に評価し，きちんと報いること。

プロセスにも着目し，褒めるなどして動機づけること。

「周囲（上位者や同僚）に自分のことを見られている」「周囲が自分のことを見てくれている」と感じたこと。上司には「マネジメント基本行動」に加え，「程よい緊張感を与えるマネジメント」が求められている。

【引用文献】

Christopher Earley, P. (1989). "Social Loafing and Collectivism: A Comparison of the United States and the People's Republic of China". Administrative Science Quarterly. 34 (4): 565–581. doi:10.2307/2393567. JSTOR 2393567.

請園正敏（2016）社会的促進及び抑制の発生機序の解明と理論構築―Zajonc 動因説を越えて―明治学院大学

Hazel Markus (1978) The effect of mere presence on social facilitation: An unobtrusive testJournal of Experimental Social Psychology　Volume 14, Issue 4, July 1978, Pages 389-397

Rajiv Giangiani and Dr. Hammond Tully　Principles of Social Psychology - 1st International Edition

360度評価を活用した人材育成と組織活性化　　SDIコンサルティング

https://www.sdi-c.co.jp/article/15953286.html

Chapter 9

人と個人：対人認知

◎本時のねらい
1. 対人認知について理解する。

導入問題	500円が置いてありました。しばらくして、「ここに500円ありません でしたか」と Aの写真の人にあなたが聞かれてなんと答えますか？

A

導入問題	Bの写真の人にあなたが聞かれたらなんと答えますか？

B

対人認知

　対人認知とは，他者を把握する際にさまざまな情報に基づいて，その人がどのような性格であるのか，どのような気持ちでいるのかなど，人の心理状態，内面特性を推定する行為のことで，理論化されています。主に，人が内面的特性をどのようにとらえるかを扱う社会心理学の領域です。あの人はやさしい人だと判断するのは，判断するだけの何かの材料はあるのでしょうが，でも，その人の全てを知っているわけではありません。「やさしい」という心の中を実際には見られないのはもちろん，その人の行なったこと全てを見て，やさしい人だと判断しているわけではありません。私たちは，ある人の全てを知っているわけではなく，実際に見たり，うわさに聞いたりした，その人のごく一部を知っているだけです。でも，そのごく一部のばらばらの知識をつなぎあわせて，その人の全体像を，自分の中で組み立てます。あの人は，やさしい人だとか，いじわるな人だとか，結論づけるのです。

　ところが，この心のレンズは，いつも少し歪んでいたり，色が付いています。私たちは，その人についてのいくつかの知識を客観的に組み立てるというよりも，自分なりに組み立て上げてしまうのです。心のレンズの歪みは，その人独自のものもありますし，多くの人が共通して持っている歪みもあります。

　問題のように，同じ人が，同じことを言うのですが，服装を変えます。立派なスーツか，みすぼらしい服か。すると，高価なスーツを着ていたときの方が，500 円を返してもらえたのです。服装の違いによって，正直な人，依頼に応じるべき人というふうに，判断してしまったわけです。服で人を判断するなんて，ちょっと情けない話ですが，でも多くの人間は相手の服装によって対人認知の内容が変わってしまうものなのです。

外見と対人認知：顔，体格から人を見る

　丸顔の人，ふっくらした人は，やさしい。目の細い人は冷たい。やせている人は神経質。私たちは，相手の外見から直感的に，あいての内面を判断してしまいます。もちろん実際は，ふっくらしていても，やせていても，いろいろな人がいるわけですが，でも私たちは外見からある性格を感じ取ってしまうのです。

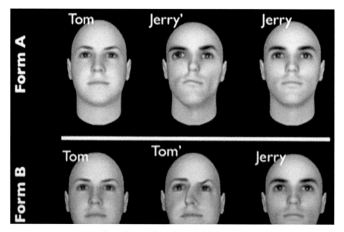

【写真9-1】 顔と対人認知

　写真は同じ人物を少し加工しました。Bの Jerry のすばらしい容姿の人を見ると，私たちは，その人がやさしくてさわやかな性格で，頭が良くて，英会話なんかもペラペラだし，スポーツや楽器が得意で，勉強ができる，仕事ができるというイメージをすぐに作り上げてしまいます。小さな子どもでも，容姿の良い子どもは，内面も良いと見られがちです。

外見と対人認知：第一印象の大切さ「認知的不協和理論」

　外見や，最初の自己紹介などで，「第一印象」ができあがります。いったん，第一印象ができあがると，次からは，この第一印象に合わせた対人認知が始まります。一度，良い人だと思い込めば，その人の良いことばかりが目に付きますし，いろいろなことを良い方向に解釈します。最初に悪い人だと思い込んでしまえば，その反対のことが起こります。これは，「認知的不協和理論」や「原因帰属理論」からも説明できます。

　良い人だと判断してしまえば，その判断と矛盾する証拠や考えは不愉快なので（認知的不協和が発生するので），良い人だと思える証拠をさらに集め，またさまざまな情報を良いこととして解釈するようになります。廊下であいさつをしたのに，相手がそのまま通りすぎた場合はどうでしょう。相手を良い人だと思っていれば，気がつかなかったのかななどと考えます（原因帰属します）。嫌なやつだと思っていれば，オレを無視したなどと考える（原因帰属する）でしょう。また，あいつは嫌な人間だと，あなたは思っています。なぜ，そう思うのですか。それは，あいつが嫌な人間だからだ。そうかもしれません。でも，もしかしたら，嫌な人間だとあなたが思い込んでいるだけなのかもしれません。

対人認知：印象形成

　赤くて，一辺10センチの，正三角形があるとします。私たちは，その形をイメージできます。色，大きさ，形，それぞれの特徴を合わせて，その図形を思い描きます。色が変

わっても，形と大きさは変わりません。一辺の長さが変わっても，色と形は変わりません。ところが，人間を見る目は，これとは違います。たとえば「理性的」という特徴はどうでしょうか。「理性的な人」ということで，思い描くイメージがありますね。では，「あたたかくて理性的な人」と「冷たくて理性的な人」の2種類の説明ではどうでしょうか。同じ「理性的」でも，あたたかいか，冷たいかで，「理性的」からイメージされるものが変わってしまいます。

　このように，他の性格を表す言葉の意味あいさえ変えてしまう性格特性を「中心的特性」と言っています。「あたたかい」かどうかは，中心的特性の代表です。私たちは，この中心的特性を核として，人の印象を作り上げていきます。

対人認知：初頭効果・親近効果

　その人の特徴をあらわす事柄が，次々とあらわされた時，その表れる順番も大切です。まず，一番に表れることが効果的になります（初頭効果）。第一印象の大切さですね。

　それから，一番新しい最近の事柄が大きく影響します（親近効果）。いろいろ悪口を聞かされても，最後の最後に，「でも，いい奴なんだよね」と来れば，悪口の数々も憎めない人の特徴になるでしょう。中国では「三顧の礼」という言葉があります。目上の人が格下の者の許に三度も出向いてお願いをすることです。中国で劉備（りゅうび）が諸葛亮（しょかつりょう）を迎える際に三度訪ねたとする故事に由来します。これも親近効果の一つかもしれません。

対人認知：光背効果（ハロー・エフェクト）

　光背（ハロー）とは，後光のことです。お釈迦様絵の後ろの光り，イエス様や天使の絵にある頭の上の輪っかです。とても偉い人は，後光が差して見えます。女優の北川景子さん・首相の孫のDAIGOさんが，紙のお雛様を紹介し話題になりました。普通の人ならば話題になりませんが，二人が紹介したため質素なお雛様が話題になった可能性があります。

https://nlab.itmedia.co.jp/nl/articles/2103/04/news074.html

【写真9-2】　DAIGOと紙雛

光背効果（ハロー・エフェクト）とは，何か一つとてもいいことを持っていると，他のことまで良く見えてしまう効果です。

対人認知：暗黙の性格観
　暗黙の性格観とは，普通の人々がもっている性格の構造に対して持っている漠然とした考えのことです。たとえば，「理性的な人は冷たい」というように，一つの性格特徴から別の性格特徴を想像してしまいます。実際は，理性的な人でもあたたかな人もいれば，冷たい人もいるでしょう。

対人認知：みんなに好かれる人とは
良いものを持ってくる人は好かれる
　良いニュース，良い仕事，良いお土産を持ってくる人は，好かれます。お土産やニュースが良いものだと，それといつも一緒に来るその人も良い人だと人は，感じてしまうのです。
　特別良いものを持ってこなくても，笑顔や，ほめことばのプレゼントなら，いつでも持ってこられるでしょう。
心地よい場所・おいしい料理
　誰かと仲良くなるために，景色がきれいなところなど，すてきな場所に行くことはあるでしょう。だれかと仲良くなるために，おいしい料理を食べに行くこともあるでしょう。そのとおり，心理学の研究によれば，心地よい環境で人に会うと，その人に好意を持ちやすくなります。おいしい料理を一緒に食べると，その人への好意も高くなります。

対人認知：（空間的接近）
　近くにいる人ほど好きになる傾向のことを空間的接近といいます。あなたの幼いころの最初の友達は，どんな子だったでしょうか。近所の子ではありませんでしたか。人は，近くにいる人のことを好きになります。

対人認知：（類似性）（好意の返報性）
　似ている人が好きになる傾向のことを類似性といいます。人は，自分に似ている人が好きになります。同じ趣味，同じ考え方，同じ行動。一緒にいて，楽しいですよね。
　自分を好きになってくれた人が好きになる傾向を好意の返報性といいます。人は自分を好きになってくれた人を好きになります。自分を嫌っている人のことは，好きになりませんよね。だから，心理学的に言って，人に好かれるコツは，あなたがその人を大切に思い好きになることです。研究によれば，特に「だんだん好きになってくれた人」を，好きになります。

ザイアンス (R.B.Zajonc)：感情と認知は独立　単純接触効果

　ザイアンスは，感情反応は認知的評価に先行し，感情と認知はそれぞれに独立した処理過程であると唱えました。ザイアンスは，認知と感情は独立した体系であり，認知が関与しなくとも感情は生み出されると主張し，その根拠として「単純接触効果」を挙げました。また，彼は，サブリミナルなレベルで絵やメロディを提示したとしても，その好意度が上がるということを示しました。

単純接触効果　ザイアンスの法則

https://twitter.com/namarkero/status/1018531283968802816?lang=bg

【図9-1】　単純接触効果　ザイアンスの法則

　単純接触効果とは，繰り返し接することでその対象への好意が高まる現象を指し，この研究以来，人物，商品，図形，音楽など広範な刺激において単純接触効果が生じることが確認されています。このことは，認知と感情の独立性を示す証拠とザイアンスは考えました。

認知することが感情生起

　一方で，刺激や状況を認知することが感情生起にとって重要であることを示す証拠もあります。ラザルスは，状況の解釈とそれを評価する認知的評価によって感情が生起すると考えました。ラザルスらは，認知的評価を1次的評価と2次的評価に分けて考え，1次的評価を自分にとって脅威的であるのか肯定的であるのか等の自分との関係性の評価とし，2次的評価を対処可能かどうかや，その対処方法について評価しました。

　ザイアンス説とラザルス説は，一見対照的なものに見えますが，ラザルスの一次的評価では意識されない無意識的処理も含まれます。つまり，無意識的処理を認知とするか

どうかの解釈の違いによって対照的に見えているだけで，真っ向から対立する説とは言えないわけです。

感情が認知等へ与える影響に関する理論：気分一致効果

　気分一致効果とは，特定の気分が生じると，その気分と同方向（快・不快）の記憶の想起や，判断が促進される現象を指します。例えば，ポジティブな気分の時は，ポジティブな単語が想起される（記憶における効果），肯定的な評価や予測をする（判断における効果）といった事が挙げられます。自分に関連しない情報は効果が生じにくい事が報告されています。また，気分のポジティブとネガティブで，効果の生じ方に違いがあることが報告されています。

　感情が記憶や行動にどのような影響を及ぼしているのかという問題は，これまでに多くの研究で取り上げられてきています。気分不一致効果とは気分一致効果の逆の効果であり，気分一致効果の先行研究は数多く見られます。気分一致効果は，先行研究では感情の基本的な効果と考えられており，記憶や行動に与える気分の効果として多くの研究で確認されています（Bower, 1981）。気分（mood）とは，日常頻繁に観察される感情であり，実験室においても容易に喚起できる比較的穏やかな一時的な感情状態であるとされています。気分一致効果とは，記憶研究の場合では，気分に一致する感情のトーンをもった情報が再生されやすいという現象です。

感情：印象形成や対人評価

　気分が記憶以外の認知に及ぼす影響を評定や反応時間を指標にして検討しており，特定の気分の方向に評価や判断が偏るとされています。たとえば，気分がよいときには気分が悪いときよりも相手を肯定的に評価することなどが挙げられます。記憶と社会的判断における代表的な先行研究に Bower, Gillgan & Monteiro（1981）があります。彼らは被験者を，催眠によって気分誘導を行い，楽しい物語と悲しい物語との両方を読ませました。次の日に，被験者に物語の再生を求めたところ，全体の再生量は同じでありましたが，ポジティブな気分を誘導された被験者はポジティブな出来事を，ネガティブな気分を誘導された被験者はネガティブな出来事を再生しました。これは記憶における気分一致効果を示しています。さらに，被験者に物語を読んでどちらの登場人物に自分を同一視したかを尋ねると，それぞれ誘導された気分と一致した人物が選ばれました。この結果は生起した気分が物語を歪めることを意味し，判断における気分一致効果を示しています。

感情ネットワークモデル

　「G.H.Bower（バウアー）（1981）」が提唱し，感情が活性化されると，それにつながっている自律的反応や表出行動，その感情を引き起こす出来事などの知識が活性化される

というモデルです。また，その感情と逆の感情につながっている反応や知識は抑制されます。

　感情ネットワークモデルは，持続エクスポージャー（恐怖を喚起する記憶や手掛かりに暴露させること）法などの認知行動療法に影響を与えたとされています。

感情：気分維持動機，気分修復動機

　人間には気分をポジティブに保ちたいという動機があります。ネガティブな気分のときは，自尊感情が低下していて「脅威，危険がせまっている，じっくりかんがえて，状況を改善したほうがよい」というシグナルが出てきます。そこでなんとかして改善しようとします。綿密に検討して，注意深く精緻に考えることになります。結果，安全な状態に戻ることが可能になります。ポジティブな気分のときは，（自尊感情高揚している）「安全なとき」ということになります。こういう時は直感的であり，創造的な発想はこういう時にしか生まれないようです。創造的な仕事をするには，まずは安全と思える環境，すなわち自尊感情を高揚させることが大事なのかもしれません。

その他　自己の感情と影響

感情情報機能説：

　人は評価・判断を行う際に手がかりが乏しいと，自己の感情状態を判断の基盤として用いるという考えです。感情状態に引き付けられた方向に判断が傾く傾向にあると考えるといわれています。

感情混入モデル：

　感情が判断に与える影響の大きさは，処理される課題の難易度や重要度などの条件によって異なるという考えです。このモデルでは，感情の影響を受けにくい（感情混入の少ない）2種類の処理方略と，感情の影響を受けやすい（感情混入の多い）2種類の処理方略が考えられているといわれています。

感情入力説：

　感情は人の行動の"持続"に関わるという考え（Martin ら）。行動の持続を止めるルール（ストップルール）には，エンジョイルール（飽きを感じる：ネガティブ感情）や，イナフルール（十分やったと感じる：ポジティブ感情）があるとされます。

　同じ課題に取り組むにしても，教示次第で気分の示す意味を変えると行動の持続が変わります。

認知容量説：

　ポジティブな気分の方が，ネガティブの気分よりも，認知容量を多く使用するという仮説です。ポジティブの気分の時には「ヒューリスティック処理（経験則的）」がなされ，ネガティブ気分時に「システマティック処理（分析的）」がなされることを説明する考えかたです。

復習問題	二人1組になってください。一人は，昔話を読む人です。一人は評価する人です。 昔話を読む人は，ボールペンを用意してください。ボールペンを縦にして唇に触れないよう歯でくわえる群と，ストローをくわえるようにボールペンを唇でくわえる群に分けて，その状態で昔話を読んでください。（その顔の形で）聞き手はどちらが面白いか決めてください。

　むかし，むかし，あるところに，おじいさんとおばあさんがありました。まいにち，おじいさんは山へしば刈りに，おばあさんは川へ洗濯に行きました。

　ある日，おばあさんが，川のそばで，せっせと洗濯をしていますと，川上から，大きな桃が一つ，

「ドンブラコッコ，スッコッコ。

ドンブラコッコ，スッコッコ。」

　と流れて来ました。

「おやおや，これはみごとな桃だこと。おじいさんへのおみやげに，どれどれ，うちへ持って帰りましょう。」

　おばあさんは，そう言いながら，腰をかがめて桃を取ろうとしましたが，遠くって手がとどきません。おばあさんはそこで，

「あっちの水は，かあらいぞ。

こっちの水は，ああまいぞ。

かあらい水は，よけて来い。

ああまい水に，よって来い。

　と歌いながら，手をたたきました。すると桃はまた，

「ドンブラコッコ，スッコッコ。

ドンブラコッコ，スッコッコ。」

　といいながら，おばあさんの前へ流れて来ました。おばあさんはにこにこしながら，

「早くおじいさんと二人で分けて食べましょう。」

　と言って，桃をひろい上げて，洗濯物といっしょにたらいの中に入れて，えっち

ら，おっちら，かかえておうちへ帰りました。
　夕方になってやっと，おじいさんは山からしばを背負って帰って来ました。
「おばあさん，今帰ったよ。」
「おや，おじいさん，おかいんなさい。待っていましたよ。さあ，早くお上がんなさい。いいものを上げますから。」
「それはありがたいな。何だね，そのいいものというのは。」
　こういいながら，おじいさんはわらじをぬいで，上に上がりました。その間に，おばあさんは戸棚の中からさっきの桃を重そうにかかえて来て，
「ほら，ごらんなさいこの桃を。」
　と言いいました。
「ほほう，これはこれは。どこからこんなみごとな桃を買って来た。」
「いいえ，買って来たのではありません。今日川で拾って来たのですよ。」
「え，なに，川で拾って来た。それはいよいよめずらしい。」
　こうおじいさんは言いながら，桃を両手にのせて，ためつ，すがめつ，ながめていますと，だしぬけに，桃はぽんと中から二つに割れて，
「おぎゃあ，おぎゃあ。」
　と勇ましいうぶ声を上げながら，かわいらしい赤さんが元気よくとび出しました。
「おやおや，まあ。」
　おじいさんも，おばあさんも，びっくりして，二人いっしょに声を立てました。
「まあまあ，わたしたちが，へいぜい，どうかして子供が一人ほしい，ほしいと言っていたものだから，きっと神さまがこの子をさずけて下さったにちがいない。」
　おじいさんも，おばあさんも，うれしがって，こう言いました。
　そこであわてておじいさんがお湯をわかすやら，おばあさんがむつきをそろえるやら，大さわぎをして，赤さんを抱き上げて，うぶ湯をつかわせました。するといきなり，
「うん。」
　と言いながら，赤さんは抱いているおばあさんの手をはねのけました。
「おやおや，何なんという元気のいい子だろう。」
　おじいさんとおばあさんは，こう言って顔を見合わせながら，「あッは，あッは。」とおもしろそうに笑いました。
　そして桃の中から生まれた子だというので，この子に桃太郎という名をつけました。

【引用文献】

Bower, G. H. (1981). Mood and memory. American Psychologist, 36(2), 129–148. https://doi.org/10.1037/0003-066X.36.2.129

Walter B. Cannon The James-Lange Theory of Emotions: A Critical Examination and an Alternative Theory The American Journal of Psychology Vol. 39, No. 1/4 (Dec., 1927), pp. 106-124 (19 pages) Published By: University of Illinois Press

Schachter, S., & Singer, J. (1962). Cognitive, social, and physiological determinants of emotional state. Psychological Review, 69(5), 379–399. https://doi.org/10.1037/h0046234

Strack, F., Martin, L. L., Stepper, S. (1988). Inhibiting and facilitating conditions of the human smile: A nonobtrusive test of the facial feedback hypothesis. Journal of Personality and Social Psychology, 54, 768–777.

Zajonc, R. B. (1984). On the primacy of affect. American Psychologist, 39(2), 117–123. https://doi.org/10.1037/0003-066X.39.2.117

Chapter **10**

個人と集団

◎本時のねらい
　1. 集団における個人：集団圧力を理解する

導入問題	文部科学省におけるいじめの定義の変遷と「いじめ」についての重要な事件について紹介します。1985（昭和60）年に文部省はいじめを定義し初の調査を行いました。その後，学級担任がいじめに関与したこともあって日本で初めていじめ自殺事件に注目が集まった事例として，1986（昭和61）年2月の中野富士見中学いじめ自殺事件，別名「葬式ごっこ事件」と呼ばれる事件が起こりました。なぜ教師は児童生徒と同じレベルになっていじめに加担してしまうか考えましょう。この教師が特別な人なのでしょうか？

【写真10-1】　葬式ごっこでかかれた色紙と遺書（豊田充 著「いじめはなぜ防げないのか」より）

　4から7人のグループをつくってください。

　一人を残して全員嘘をつきます。具体的には，カードをみて同じ長さの棒を順番にいいます。一人は終わりから2番目についてください。

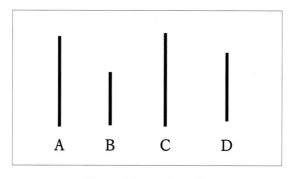

【図10-1】　実験カード

　一人の人はどんな気持ちになったか。書いてください。

集団圧力の実験

　ソロモン・エリオット・アッシュ（Solomon Eliot Asch, 1907 年 - 1996 年）は，ポーランド出身のアメリカ合衆国で活動した心理学者です。ゲシュタルト心理学者で，実験社会心理学の開拓者のひとりで，ユダヤ系出身です。1940 年代の第二次世界大戦の結果，社会心理学者はプロパガンダに興味を持っていました。彼らは疑問に思いました：どうやって人々にあなたが彼らに信じて欲しいものを信じさせるのですか？ どうやって人々に戦争努力のために犠牲を払うべきだと信じさせるのですか？ アッシュもプロパガンダに興味を持った一人でした。

https://en.m.wikipedia.org/wiki/Solomon_Asch
【写真 10-2】　ソロモン・エリオット・アッシュ

　アッシュは，意見に対する集団圧力の影響を実証した実験を考えました。アッシュは，人々は明らかな嘘を信じている，人間は，集団によって，知性を歪められると仮説をたてました。そして，集団圧力の実験を行いました。2002 年に出版され，20 世紀で最も引用された心理学者でした。ただし，博士論文は，人をだまして実験を行っているとして，倫理違反として学位授与が延期されました。また，APA（アメリカ心理学会）は，研究倫理規定を作成しました。

【写真 10-3】　アッシュの実験の様子

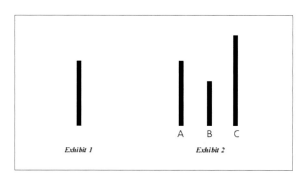

https://www.youtube.com/watch?v=iRh5qy09nNw

【図10-2】 アッシュの実験カード

　集団圧力の実験の結果，被験者の23%がこの形態の社会的圧力にうまく耐え，77%が完全に屈服し，大多数の明らかに誤った意見に一致することを発見しました。

「緑残像実験」（モスコヴィッチ）

　モスコヴィッチはルーマニアのユダヤ正統派の家庭で育ちました。反ユダヤ法のため学校を強制退学させられ，1941年にはファシスト親衛隊が135人のユダヤ人を虐殺するのを目撃します。強制労働者となった後，フランスで心理学を学びました。

　アッシュが個人に対する多数派の力に興味を持っていたのに対し，モスコヴィッチはその逆に少数派に興味を持っていました。それは，サフラゲット（イギリスの女性の参政権運動）や奴隷廃止運動は，いずれも小さな運動から始まり，徐々に人々を魅了していったためです。

実験計画

　普通であればほとんどの人が青と答えるような青緑色のスライド36枚の色を判断するというもの。6人のグループの中の2人のサクラは，明らかに間違った答えだったものを与えました。

　サクラが一貫して全てのスライドを緑と判断する条件（条件1）で実験を行った。

　次にサクラが36枚中24枚が緑であると判断する条件（条件2）で実験を行った。

結果

　条件1で被験者が緑だと答えたものは，全判断中8.42%でした。

　条件2の場合，1.25%と条件1よりも減少しました。

　また，サクラが全くいない統制条件では，被験者が緑と判断したのは，全回答中0.25%に過ぎませんでした。

この実験の意義を考えましょう。

復習問題	人は，中立で正しい判断をしない傾向にあることがわかりました。客観的な判断をするためには，どのような社会システムを考えたらよいでしょうか？

参考

　行動様式の一貫性の強弱・有無により，少数派の影響力の増減が生じることがわかります。ただし一貫して少数派が緑と答えたところで，その影響力が1割にも満たないことは注意しなければなりません。少数派から多数派へ影響が及ぶことが可能性としてないとも言えません。最初から形勢が不利である少数派の意見が全く一顧だにされないとすれば，集団的な合議の意義が薄らいでしまいます。例えば多数派に対して少数派がすり寄っていく同調圧力が支配的になれば，多数派の考え方に誤りや見落としがあった場合でも，それを正すきっかけがなくなってしまいます。集団浅慮（集団で考えると欠陥のある結論になることがあるということ）に陥ることを防ぐ上では，集団的意思決定における見解の相違や意見の衝突は健全ですらあるというのが，組織行動論の一般的な見方です。したがって，いわば民主主義的とも言える合意形成の過程で，難しいとは知りながらも少数派集団の意見をどのように反映させれば良いのかを真摯に考えなければならなくなります（守矢翔・藤井大児（2018）。

【引用文献】

Asch, Solomon (1956). "Studies of independence and conformity: I. A minority of one against a unanimous majority". Psychological Monographs: General and Applied. 70 (9): 1–70. doi:10.1037/h0093718.

守矢翔・藤井大児 (2018) Moscovici, S., Lage, E., & Naffrechoux, M. (1969). Influence of a consistent minority on the responses of a majority in a color perception task. Sociometry, 365-380. 多数派内少数者の影響力：予備的考察　岡山大学経済学会雑誌 50(2), 1-10

豊田　充 (2007)　いじめはなぜ防げないのか──「葬式ごっこ」から二十一年　朝日新聞出版

Chapter 11

集団に対する個人：ステレオタイプ

◎**本時のねらい**

1. 集団に対する個人：社会的認知のステレオタイプについて理解する

導入問題	2021年2月4日 木曜 午後7：52．東京オリンピック・パラリンピックの大会組織委員会トップである森喜朗会長の「女性が多いと時間がかかる」発言後辞任。その後，自民党竹下派会長の竹下亘元総務会長は18日，東京オリンピック・パラリンピック組織委員会の新会長に就任した橋本聖子・前五輪相について，「スケート界では男みたいな性格でハグなんて当たり前の世界だ」と発言した。党本部での派閥会合後，記者団に述べた (2021)。 上記の言葉から何を想像しますか。 この発言後，竹下氏の事務所は報道各社に「正確には『男勝り』と言いたかった」と発言の「訂正」を申し入れた。 この発言はどうでしょうか？

「最小条件集団実験」（タージフェル，1971）

アンリ・タージフェルは，ポーランドのユダヤ人家族の出身でした。彼の両親，兄弟，そして彼の拡大家族の多くはすべてホロコーストで亡くなりました。彼の愛する人の喪失を理解したかったので，彼は研究をしました。

実験

地元の学校の少年たちは，ワシリー・カンディンスキーとパウル・クレーの絵画のスライドを審査するように依頼されました。その後，彼らは，好きな絵に基づいて，カンディンスキーまたはクレーグループのどちらかにいると言われました。

最後に，少年たちは，お金を渡され自分の意志で他の子どもに分配することを求められます。

【写真11-1】 最小条件集団実験で用いられる画像の例

結果

グループがランダムであるにもかかわらず，少年たちは通常，自分のグループのメンバーにより多くのお金を与えました。

考察

知覚された類似性は，好みの非常に重要な決定要因です。文化的に多様なグループのメンバーと，より均質なグループのメンバーは，お互いにコミュニケーションするのがより困難になる可能性があります。場合によっては，積極的に嫌悪し，お互いに対して攻撃的な行動をとることさえあります。「最小条件集団実験」の結果における社会への影響を考えましょう。

2013年，ロシア政府は，LGBTコミュニティのメンバーを対象とする法律を制定し，国際的な批判を受けました。これには，LGBT組織に「外国人エージェント」としての登録を強制すること，若者の前で同性愛の描写を禁止すること（虹色の旗を掲げることを含む），ゲイプライドパレードを組織したいLGBTグループへの許可を拒否することが含まれます。性的マイノリティ，「ＬＧＢＴ」は，L＝レズビアン，G＝ゲイ，B＝バイセクシャル，T＝トランスジェンダー（性同一性障害を含む）を指します。なお，現在はLGBTQ（Q：クエスチョニング＝一つに決まるのではないと思う）となっています。

2014年，ソチ・オリンピックが開幕しました。ところが，アメリカのオバマ大統領をはじめ，フランスのオランド大統領，ドイツのガウク大統領など，欧米の首脳が開幕式を欠席しました。これはロシアで行われている「性的マイノリティ」に対する人権侵害への抗議であることが一因のようです。ロシアでは2013年に，18歳未満の者に対する同性愛の「助長」にかかわった場合，罰金を科すという内容の法案も可決されました。

個人と社会：社会的認知ステレオタイプと偏見

ステレオタイプ，偏見，差別は，さまざまな方法で人々の生活に影響を与えます。ステレオタイプは，学業成績（Shapiro & Neuberg, 2007），従うことを選択したキャリア（Zhang, Schmader, & Forbes, 2009），職場での経験（Fiske & Lee, 2008），および支払われる金額に影響を与えます（Jackson, 2011; Wood & Eagly, 2010）。

社会心理学的研究は，ステレオタイプの脅威＝文化的なステレオタイプの知識によって引き起こされる本来の役割機能の低下を明らかにしました。Spencer, Steele, and Quinn（1999）は，女性が「女性は数学が苦手」という（真実ではない）ステレオタイプを思い出したとき，ステレオタイプを思い出さなかったときよりも数学のテストで成績が悪かったことを発見しました。他の多くの領域でもステレオタイプの脅威が見つかりました。

ステレオタイプと偏見実験

実験

写真を使用して，射撃／射撃禁止の決定に対する民族性の影響を調べました。銃や無害な物体を保持しているアフリカ系アメリカ人または白人のターゲットは，複雑な背景に現れました。参加者は，武装したターゲットを「撃つ」ように，そして非武装のターゲットを「撃たない」ように言われました。白人の参加者は，銃または無害なものを持っている人々の写真を見ました。それぞれの反応の違いを検討しました。

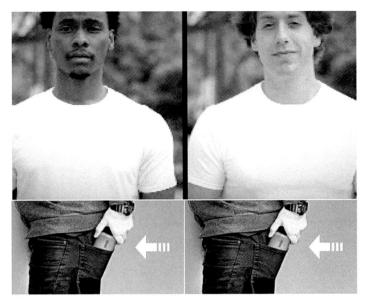

https://www.vox.com/2015/4/30/8520305/systemic-racism-video

【写真11-2】 人種によるイメージ

結果

　写真が黒人の場合，白人と比べ，持ち物に関係なく，銃を「撃つ」反応が多くありました（Correll, Park, Judd, Wittenbrink, 2007年；Correll et al。, 2007）。

考察

　差別は非常に蔓延し，非常に多くの形態をとり，非常に多くの人々に悪影響を与えるため，大きな社会的問題です。公平であるために訓練されている人々でさえ，差別するかもしれません。Price and Wolfers（2007）は，NBA の試合に出場する審判の数が多いほど，白人の選手のファウルが少なくなり，黒人の試合に出場する審判の数が多い場合，黒の選手のファウルが少なくなることを発見しました。その意味するところは，彼らがそれを知っているかどうかにかかわらず，審判は人種に基づいて差別していたということとです。

　固定観念や偏見に基づいて他の人に反応していることに気付いた経験があるかもしれません。おそらく，あなたが驚いたという事実もあります。おそらく，あなたはこれらの信念を乗り越えて，彼または彼女の個々の特徴に基づいてその人にもっと反応しようとしたのかもしれません。私たちは一部の人を好きで，他の人を嫌います—これは当然です—しかし，人の肌の色，性別，年齢，宗教，性的指向，または民族的背景にこれらの決定をさせてはなりません。それでも，私たちの最善の意図にもかかわらず，私たちは私たちに似ている人とだけ友達を作り，おそらく私たちが異なると思う人を避けてしまう

かもしれません。

　ステレオタイプの例をあげましょう。また，ステレオタイプによる加害を防ぐにはどうしたらよいか考えましょう。

Chapter 12

個人と社会：社会的認知の研究の動向

◎**本時のねらい**

・社会的認知について理解する。

社会認知の定義

　社会認知とは，一般的には，「他者の意図」「傾向」「行動」を知覚し，解釈し，反応を返すという一連の社会的な相互作用の基盤となる認知機能とされています。(Green MF et al : Schizophr Bull, 2008)：簡単にいうと社会情報に対応する方法です。

　人は，中立的な観察者として状況に対処することはありません。ところが，そのように振舞うことはよくあります。自分自身の思いや期待があり，それらが，私達の見るものや記憶するものに影響します。つまり，私達の感覚器は情報を受け取り，それから解釈，分析します。さらに，記憶に貯蔵する情報とその解釈を比べます。

　ところが，このシンプルな説明が，現実世界でいつも起こっているわけではありません。感情などの要因が他にもあり，このプロセスに影響を与えます。思考は感情に影響し，また，感情が思考に影響することを頭に入れておきましょう（ダマシオ，1994）。

　表 12-1 に社会認知機能の五つの領域をあげました。

【表 12-1】　社会認知機能の五つの領域

心の理論 (theory of mind; ToM)	他者の意向，傾向，信念などを推し量る能力
社会知覚 (social perception)	言語/非言語的な手がかりから，社会的な状況の文脈や，相互の関係性，役割などを同定する能力
社会知識 (social knowledge)	社会的な状況を特徴づけ，社会における相互関係をガイドする，ルールや役割，目的に関する知識
帰属バイアス (attributional bias)	Positive または negative な事象の原因を推測する際の個人に典型的なスタイル
情動処理 (emotional processing)	情動の認知，使用に関する幅広い内容を含有，情動処理に関する有力なモデルでは，情動の知覚，情動による思考の促進，情動の理解，情動の管理という四つのコンポーネントを含む

社会認知機能の仕組み

　人は身体的・社会的環境との相互作用から自分の認知構造を構成すると言います。感覚器で収集するデータと刺激は，精神構造へと分析，統合され，後にそれが思考や行動を導きます。感覚器から入ったデータは，過去の身体的・社会的情報をミックスされ思考や行動となって現われます。

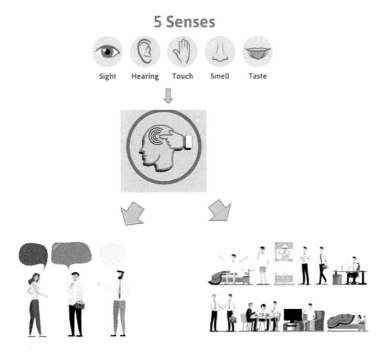

【図12-1】 社会的認知の仕組み

主な社会認知の研究

　社会認知の研究は，対人認知，ステレオタイプ，自己，態度，コミュニケーションなど
あります。

　対人認知は主に，人が他者の性格や能力などの内面的特性をどのようにとらえるかを
扱います。人間関係の初期において，人が与えられた他者の情報からいかに印象を形作
るかという印象形成の問題としても扱われています。アッシュ Asch,S.E. が数個の特性
の集まりから，他者の印象をどのようにとらえるかを実験的に研究したことから始ま
り，多変量解析を用いた対人認知次元の研究へと進み，現在では一連の過程を情報処理
過程として描いていく社会的認知アプローチが主流となっています。

　社会的カテゴリーや集団に属する成員に対して，一般化もしくは固定化された信念や
イメージをステレオタイプと呼びます。ステレオタイプは，多くの人に浸透しているあ
る集団に対する先入観や思い込み，固定観念としてとらえ研究が行われてきました。た
だし，ステレオタイプを個人の信念体系として，情報処理を単純化して認知的負担を減
らすための機能として考えると，一種の認知バイアスとしてとらえることができます。

　社会的自己は，周りの人たちが自分について抱くイメージに基づいて，自分の中で形
成される自己イメージを指します。そして精神的自己には，自分の性格，価値観など，生
涯を通じてあまり大きくは変わらない気持ちのありようなどが含まれます。自己概念

は，自分で自分を観察したり，自分に関する他者からの評価を聞いたり，自分の言動に対する他者の反応を観察したりする中で少しずつ形作られます。

態度

　人間の行動の背景には，対象への感情や評価的な判断に基づいた心理的な傾向がある。これを態度と呼びます。態度には，言動や立場，目に見える行動から推測される「肯定－否定」「接近－回避」などの意味も含まれていますが，その根幹にあるのは「好き－嫌い」あるいは「快－不快」という感情的な成分です。態度には，長期間にわたって安定しているものと，外部からの説得によって簡単に変わってしまうものとがあります。心理学で態度に注目する理由の一つは，正確な行動予測につながると考えられているからであるが，簡単に変わってしまう弱い態度をもつ場合は，行動を予測することは難しいです。

　態度の強さが何によって決まるのかについてはいくつか理由が考えられていますが，その一つにコミットメント（関与）があります。コミットメントが高いということは，過去に多くの時間や労力，認知資源を消費していることが多いため，自己概念や社会的アイデンティティーとの結びつきが強いのです。従って，それが正しいという確信の度合いが強くなり，確証バイアスも生じやすいため，変化しにくい強い態度が形成されます。

コミュニケーション

　知識などの単なる情報だけではなく，情緒や意図など，何らかの特別な意味を持った情報を伝えあうことを指します。伝えたい情報を言葉やジェスチャーなどで記号化して相手に伝え，その記号を受け取った相手が解読することによって，コミュニケーションが成立します。コミュニケーションの手段は言葉だけではなく，表情やしぐさ，その他の行動などによっても，送り手と受け手さえいればコミュニケーションは成立します。また，これらは場の雰囲気や状況的文脈，送り手に関する知識や送り手との関係性，声の高さや大きさなど，さまざまな情報によって解釈のされ方は異なってきます。例えば，相手が自分の知らない言語で喋っていたとしても，険しい表情と大きな声で言葉を発していれば怒っていることは伝わるし，コンビニエンスストアやスーパーマーケットで商品をレジにもっていけば，この商品を買いたいということを伝えられます。これらのことからもわかるように，コミュニケーションの方法には言語的コミュニケーション（バーバル・コミュニケーション）と非言語的コミュニケーション（ノンバーバル・コミュニケーション）があります。

（科学事典）

　このような社会心理学の社会認知領域は，応用心理学として消費者心理学・経済心理学・政治心理学・文化心理学・発達心理学等にも影響をあたえています。日常生活では広告での情報の伝え方・政見放送やニュースの伝え方，裁判に関わる判断，健康志向，リスクの認知等に生かされています。

社会認知の研究の現状

　社会認知の研究の現状を説明します。さまざまな思考・判断の特徴を社会的推論として取り扱い，自己中心バイアス（他者について自分勝手に考える），ヒューリスティックス（人が意思決定をしたり判断を下すときに，直感で素早く自身の解に到達する方法のこと），ポジティブ・イリュージョン（自分に関することだけ楽観的な認知が働くこと），平均以上効果（自分を平均以上の能力を持っていて，他の人より優れていると錯覚してしまう効果），スポットライト効果（自分が実際よりも注目されていると錯覚してしまう現象のこと），後づけバイアス（「やっぱりそうだと思った」という感），確証バイアス（自分にとって都合のいい情報ばかりを無意識的に集めてしまい，反証する情報を無視したり集めようとしなかったりする傾向のこと），流暢性効果（繰り返し接しているうちにどんどん好きになる），透明性の錯覚（自分の内的状態が他者に漏れていると過大評価する傾向），合意性の過大視（自分の選択は適切で一般的であると思いやすい傾向），など多くの現象を見いだし，概念化してきました。

　研究の対象は広く社会的対象に適用されるようになりました。とくに，ステレオタイプや偏見ともかかわる集団認知研究は大きな発展を遂げ，社会的認知研究の中核をなしており，集団間関係の領野を広げて，密接なつながりを有しています。さらに，認知過程のみによって説明する冷たい認知でもなく，強い情動，動機づけを重視する熱い認知でもない「温かい認知」として，認知と感情との相互作用が重視されるようになり，気分が記憶や社会的判断に与える影響，他者の感情の認知，推測，表情認知，自己の感情推測，集団間情動などの研究へとつながっています。近年では人のもつ生得的な認知・感情傾向の機能的意味への着目や，危険察知のためのネガティビティ・バイアス，嫌悪感情の道徳性判断への影響，怒りの適応的側面への注目，恥・罪悪感などの自己意識感情と修復的行動，報復的行動への影響など研究の射程は隣接分野と乗り入れながら広がりを見せています。とくに非意識的過程への着目では，さまざまな潜在的態度の測定方法が盛んに提案されて用いられるようになりました。

復習問題	社会心理学の論文を探して発表しましょう。また，日常生活でどのように社会心理学の知見がいかされているか探してみましょう。

【引用文献】

Correll, J., Park, B., Judd, C. M., & Wittenbrink, B. (2007). The influence of stereotypes on decisions to shoot. European Journal of Social Psychology, 37(6), 1102–1117.

Correll, J., Park, B., Judd, C. M., Wittenbrink, B., Sadler, M. S., & Keesee, T. (2007). Across the thin blue line: Police officers and racial bias in the decision to shoot. Journal of Personality and Social Psychology, 92(6), 1006–1023.

Damasio, A. R. (1994). Descartes' Error: Emotion, Reason, and the Human Brain. NewYork: Putnam PublishingGreen, M. F., Penn, D. L., Bentall, R., et al.: Social cognition in schizophrenia: an NIMH workshop on definitions, assessment, and research opportunities. Schizophr Bull, 34 (6); 1211-1220, 2008

Fiske, S. T., & Lee, T. L. (2008). Stereotypes and prejudice create workplace discrimination. In A. P. Brief (Ed.), Diversity at work (pp. 13–52).Jackson, L. M. (2011). The psychology of prejudice: From attitudes to social action. Washington, DC: American Psychological Association.

Jackson, L. M. (2011). The psychology of prejudice: From attitudes to social action. Washington, DC: American Psychological Association

Price, J., & Wolfers, J. (2007). Racial discrimination among NBA referees. NBER Working Paper #13206. Cambridge, MA: National Bureau of Economic Research.

Shapiro and Neuberg (2007)From Stereotype Threat to Stereotype Threats: Implications of a Multi-Threat Framework for Causes, Moderators, Mediators, Consequences, and Interventions, Personality and Social Psychology Review 11(2):107-30

Tajfel, H., Billig, M. G., Bundy, R. P. & Flament,C.（1971）Social categorization and intergroupbehaviour. European Journal of Social Psychology, 1, 149-178.

YAHOO(2021) https://news.yahoo.co.jp/articles/119f5db512c27c241dc060be2bdc1239aa21007b

Zhang, S., Schmader, T., & Forbes, C. (2009). The effects of gender stereotypes on women's career choice: Opening the glass door. In M. Barreto, M. K. Ryan, & M. T. Schmitt (Eds.), Psychology of women book series. The glass ceiling in the 21st century: Understanding barriers to gender equality (p. 125–150). American Psychological Association. https://doi.org/10.1037/11863-006

Chapter 13

個人と社会：
ヒューリスティック

◎**本時のねらい**

1. 個人の認知の特徴を理解する

導入問題	次の問いに答えてください。

下記の図を見てどちらのテーブルが長いでしょうか。

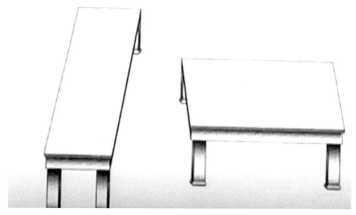

【図13-1】 テーブルの長さ

下記の図を見て，矢印のマスの色を答えてください。

ダン・アリエリー :https://www.ted.com/talks/dan_ariely_are_we_in_control_of_our_own_decisions

【図13-2】 マスの色

次の文章から何を想像しますか

「私の彼は身長が低い」私の彼がしているスポーツを想像してください。

　朝，登校したら校舎の壁面にスプレーによる大きな落書きがされていた。犯人である可能性が高いのは，どちらでしょうか。

　　1：高校生　　　2：不良の男子高校生

ヒューリスティックとは

　ヒューリスティックとは，人が問題解決などにおいて迅速かつ効率的に判断を下す際に，無意識に使っている手がかりや法則のことです。これらは，ほとんどの場合，経験に基づいているため「ヒューリスティック＝経験則や感覚」と同義に扱われます。意思決定にかかる時間を短縮し，常に次の指針を考えずに行動することを可能にするショートカット的な役割を持ちます。しかし，確実な正確性を保証するものではなく，人によって判断結果に一定の偏りを含むことが多いです。そのような認識上の偏りのことを「認知バイアス」と呼びます。

ヒューリスティックの種類

　ここでは，13章〜16章をとおしていくつかのヒューリスティックをあげたいと思います。

代表性ヒューリスティックと「リンダ問題」（エイモス・トベルスキーとダニエル・カーネマン）

　代表性ヒューリスティックとは，人々が，特定カテゴリーの中で代表的，典型的であると思われる事項の確率を過大評価しやすい意思決定プロセスのことを指します。エイモス・トベルスキーとダニエル・カーネマンが，研究をしました。代表性ヒューリスティックが理解できる課題として「リンダ問題」があります。

　リンダは31歳で，独身で，率直で，とても明るいです。彼女は哲学を専攻しました。学生時代，差別や社会正義の問題に深く関わり，反原発デモにも参加しました。
　どちらがより可能性が高いですか？
　1．リンダは銀行の出納係です。
　2．リンダは銀行の窓口係であり，フェミニスト運動に積極的に取り組んでいます。
　リンダ問題は，合理的な考えのもと数学的に捉えると「1と2のどちらの確率が高いか？」と置き換えると，「2」は「1」の部分集合となるため「1」になる確率のほうが高くなります。

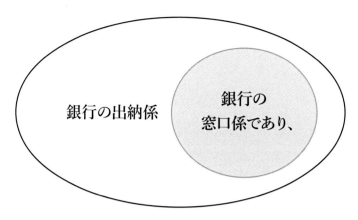

【図13-3】 リンダ問題の説明図

　前述の落書きの犯人を推測する問題においても，リンダ問題と同じ結果が見られるでしょう。「校舎に落書きをする」という事象が，不良の典型例として想起できるためです。合接の誤謬（conjunction fallacy）もしくは連言錯誤ともいいます。人は，時として，その経験則から誤った推論を生み出すことがあるのです。

　逆の代表性ヒューリスティックからいろいろな知見を得ることができます。接客業としてどのような態度・服装が望ましいでしょうか？ 学生としてどのような態度・服装が望ましいでしょうか？ 一般論として推測できます。

　また，ヴェブレグ効果として，高額なものほど需要が高まることがあります。多くの人は質が高いと判断してしまう傾向があるのです。また，ゴルディロックス効果（松・竹・梅のような三種類のグレードの商品）として，三つの真ん中が無難とする傾向があります。そうすると商品をどこに置くか・どの程度に商品の金額を設定するか参考になります。

Chapter 14

個人と社会：感情ヒューリスティック

◎本時のねらい

1. 感情ヒューリスティックを理解する

導入問題	晴れの日はなぜ株の買いが増えるのだろうか。 オレオレ詐欺にどうしてだまされるのでしょうか。

感情ヒューリスティック（ポール・スロビック, 1978）

　感情ヒューリスティックは通常, 人々が刺激に関連付ける肯定的または否定的な感情に応じて, 何かのリスクと利点を判断するときに使用されます。それは「自分の直感で判断」と同等です。活動に対する彼らの感情が肯定的である場合, 人々はリスクが低く, 利益が高いと判断する可能性が高くなります。一方, 活動に対する彼らの感情が否定的である場合, 彼らはリスクが高く, 利益が低いと認識する可能性が高くなります。

　たとえば, 私たちは, オレオレ詐欺など多くの人か簡単に詐欺師にひっかかってしまいます。気分よりも持続時間が短く（直感）, 刺激に反応して急速かつ非自発的に発生します。「子どもが交通事故を起こした」という言葉を読むと, 通常, 恐怖の影響が生じますが, 「母の愛」という言葉を読むと, 通常, 愛情と慰めの感覚が生まれます。迅速かつ効率的に問題を解決することしようとし, 感情 - 恐怖, 喜び, 驚き, など, 決定に影響します。

　次の物質のメリット・リスク・好き嫌いを書きましょう。

	好き・嫌い	メリット	リスク
水道のフッ素添加			
化学プラント			
食品防腐剤			
自動車			

感情ヒューリスティックの理論

　二重過程理論は, 認知心理学の基礎理論です。それは, 人間が意思決定のための二つの異なる認知システムを持っていることを示唆しています。最初のシステム１は, 高速で, 労力がかからず, 自動で, 感情的です。一方, ２番目のシステム２は, 低速で, 労力がかかり, 意図的で, 論理的です。

　システム２は理性に根ざしているため, あらゆる点で優れているという一般的な誤解があります。どちらのシステムにも長所と短所があります（ダニエル・カーネマン）。システム１の考え方は, 熟慮する時間がない状況で有益です。早急な決定が必要です。この種の自動思考により, 誰かが高速道路で私たちを遮断したときにブレーキを踏むか,

窒息している人にハイムリック法（外因性異物によって窒息しかけた患者を救命する応急処置）を実行するために行動に移すかをすばやく決定できます。このような状況では，じっと座ってゆっくりと努力を重ねる決断をする時間はありません。どちらも，私たちの利益になることもあれば，時間をかけて選択肢を検討した場合とは異なる決定を下すことになることもあります。

「直感」の反応に代わる思考として，アントニオ・ダマシオの体細胞マーカー仮説があります。「体細胞マーカー」は，急速な心拍と不安，または吐き気と嫌悪感との関連など，感情に関連する身体の感情です。仮説によれば，体細胞マーカーはその後の意思決定に強く影響します。脳内では，体細胞マーカーは腹内側前頭前野（VMPFC）と扁桃体で処理されると考えられています。

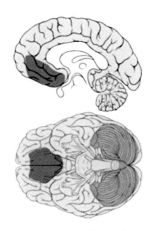

https://en.m.wikipedia.org/wiki/Somatic_marker_hypothesis

【図14-1】 体細胞マーカーはおそらく腹内側前頭前野に保存されている

感情ヒューリスティックの研究

フィヌケイン，アルハカミ，スロヴィッチ，ジョンソンは，2000年に，状況に対する良い感情（つまり，ポジティブな影響）は，その状況に対して論理的に正当化されない場合でも，リスクの認識を低くし，利益の認識を高めると理論付けました。これは，言葉や他の刺激に対する強い感情的反応が人の判断を変える可能性があることを意味します。彼らの研究は，同じ一連の事実に基づいて異なる決定を下す可能性があり，したがって非論理的な決定を下す可能性があります。全体として，感情ヒューリスティックは，ほぼすべての意思決定の分野で影響力を持っています。

感情ヒューリスティック：サブリミナル感情反応

ウィンキエルマン，ザヨンク，シュヴァルツ（1997）が実施した研究では，感情的な反応が判断に影響を与える速度が示されました。

計画

　参加者は表意文字の映像の前に，笑顔の顔，しかめっ面，または中立的な顔いずれかに 1/250 秒間暴露されます。これは，刺激の性質を思い出すことができない時間の長さと見なされました。

　次に，参加者は表意文字（漢字など）に 2 秒間さらされ，好みの尺度で表意文字を評価するように求められました。

結果・考察

　研究者は，実験参加者は，笑顔が 1/250 秒しか表示されなかったにもかかわらず，眉をひそめている顔や中立な顔ではなく，笑顔が先行する表意文字を好むことを発見しました。

　1995 年 5 月 2 日，日本テレビ系列のテレビアニメ『シティーハンター 3』第 11 話（1989年（平成元年）12 月 24 日放送）の再放送で教団代表・麻原彰晃の顔が 1 フレームだけ挿入されていたことが TBS 系のニュース番組で報道され，「サブリミナル効果」として問題視されました。しかし，同年 6 月 9 日には逆に日本テレビ系列のニュース番組で，TBS のオウム真理教関連番組（1995 年（平成 7 年）5 月放送）に，麻原の顔などの画像が無関係な場面で何度も挿入されていたことが報道されました。TBS は「サブリミナル手法は番組テーマを際立たせる一つの映像表現として用いた」と説明しましたが，非難が集中し，郵政省は同年 7 月 21 日，TBS に対し厳重注意しました。これを受けて，TBS は「視聴者が感知できない映像使用はアンフェアであった」と謝罪しました。

感情ヒューリスティックの意義：リスクコミュニケーション

　感情ヒューリスティックに関する研究は，リスクの認識に端を発しています。リスクの伝達は，問題のリスクの大きさと人々がそのリスクに対応する大きさとの間の対応を改善することを意味します。感情，特に否定的な感情は，知覚リスクへの影響を考慮すると，知覚リスクを高めるための重要な方法であり，したがって，リスクを一般に伝えるために不可欠なものとして利用されてきました。

　たとえば

　例A：「40 年以内に洪水の確率は 40％」

　例B：「毎年洪水の可能性は 1％」

　どちらがリスク管理に効果的でしょうか？　Aの方がリスク意識の向上が高まると考えられます。この方法は，感情的な反応を呼び起こし，リスクの利用可能性を高め，その結果，より大きなリスクが認識されると考えられています。これは，情報が提示される方法が，人々が情報を解釈する方法，より具体的には潜在的なリスクにどのように影響するかを示しています。研究はまた，人々の経済的リスクを取ることは彼らの感情的な状態によって影響を受けることを示しています。

Chapter 15

個人と社会：
ヒューリスティックと
バイアス

◎**本時のねらい**
ヒューリスティックとバイアスについて理解する

あなたはどちらの部下を昇進させますか。

　あなたが昇進をさせるために，会社の2人の従業員であるジョンかジェーンのどちら
かを考えていると想像してください。ジェーンは在職中，彼女の部門で最高の業績を上
げてきましたが，どちらも安定した雇用記録を持っています。しかし，ジェーンの最初
の年に，彼女はコンピューターがクラッシュしたときに無意識のうちに会社のプロジェ
クトを削除しました。

　プロジェクトを失ったという鮮明な記憶は，ジェーンを昇進させるという決定に，本来よりも重くのしかかる可能性があります。

利用可能性ヒューリスティック

　利用可能性ヒューリスティックは，簡単に思い出せる記憶が，将来再び起こる可能性を把握するには不十分であることが多いことです。そのため，悪い意思決定につながる可能性があります。最終的に，これは意思決定者に彼らの決定の基礎を形成するための質の低い情報を残します。たとえば，交通事故などの衝撃的な現場を目にしたりニュース映像を見たりしたときには，車に乗るのが嫌になること，飛行機事故のニュースが流れたときには，「頻繁に事故は起こるのではないか」「今飛行機に乗るのは危険そうだ」として認識されてしまうことがありませんか？

利用可能性ヒューリスティック研究の意義

　人間が意思決定を行うときに，よく見るものや印象に残りやすいものを基準に選択を行う思考方法のことです。人間は，意思決定を行う際に，思い出しやすいものに引っ張られた非論理的な判断を下してしまうことがあります。利用可能性ヒューリスティックの研究の意義は，多くの学者，政策立案者，ビジネスリーダー，およびメディアの人物が，仕事の質と正確さを向上させるために，人々がどのように考え，行動するかについての基本的な仮定を再検討する必要があることを示唆しています。

　利用可能性ヒューリスティックが存在するのは，一部の記憶と事実が自発的に取得されるためです。特定の記憶は，自動的に呼び出されます。それらは頻繁に発生するように見えるか，私たちの心に永続的な痕跡を残します。

　トヴェルスキーとカーネマン（Tversky, Kahneman）が説明しているように，ヒューリスティックを使用すると，さまざまな認知バイアスに関与し，特定の誤謬を犯す可能性があります。その結果，不適切な決定を下したり，不正確な判断や予測を行ったりする可能性があります。ヒューリスティックの認識は，ヒューリスティックを回避するのに役立ち，最終的にはより適応性のある行動に従事するようになります。

行動経済学をつくり上げたダニエル・カーネマン

　三つのヒューリスティック（利用可能性，代表性，固定と調整）は，1974年の論文「不確実性の下での判断：ヒューリスティックとバイアス JudgementUnder Uncertainty：HeuristicsandBiases」で，トヴェルクシーとカーネマン（Tverksy, Kahneman）によって特定されました。これらのヒューリスティックとそれらに関連する実験を提示することに加えて，彼らはそれぞれがもたらす可能性のあるそれぞれのバイアスをリストしま

した。カーネマンは「行動経済学と実験経済学という新研究分野の開拓への貢献」とい
う理由で2002年ノーベル経済学賞を受賞しました。

https://www.youtube.com/watch?v=XgRlrBl-7Yg

【写真15-1】　カーネマン

経済学への貢献

　広告で働く人は誰でも，ヒューリスティックを実際に理解している必要があります。
これは，消費者が購入に関する決定を行う際にヒューリスティックに依存することが多
いためです。広告の分野で頻繁に登場するヒューリスティックの一つは，希少性ヒュー
リスティックです。何かの価値を評価するとき，私たちはしばしばこのヒューリス
ティックに頼り，問題のオブジェクトが希少であるほど，それはより価値があると信じ
るようになります。

　Praveen Aggarwal, Sung Yul Jun, およびJong Ho Huhによる2011年の調査では，「希
少性メッセージ」が消費者行動に与える影響を評価しました。彼らは，「数量限定」と「時
間限定」の両方の広告が消費者の購入意向に影響を与えるが，「数量限定」メッセージの
方が効果的であることを発見しました。これは，人々が1日だけのブラックフライデー
の販売にとても興奮する理由と，ホームショッピングテレビで利用可能なユニットのカ
ウントダウンが衝動買いにつながることが多い理由を説明しています。

　「数量限定」のメッセージは潜在的な消費者の競争力を高め，購入意欲を高めるため，
希少性ヒューリスティックの知識はビジネスの繁栄に役立ちます。このマーケティング
手法は，売り上げを伸ばし，ビジネスに注目を集めるための便利なツールになります。

ヒューリスティックの欠点：ステレオタイプ

　ヒューリスティックの欠点の一つは，ステレオタイプ化につながる可能性があることです。これは，多くの場合，有害です。カーネマンとトベルスキーは，スティーブという架空の男性の性格スケッチと可能な職業のリストを参加者に提示し，参加者に職業の可能性の高い順にランク付けするタスクを与えたときに，代表性ヒューリスティックがステレオタイプの伝播にどのようにつながるかを説明しました。性格のスケッチでは，スティーブは恥ずかしがり屋で，親切で，内向的で，組織的であると説明されていたため，参加者は，彼が司書である可能性が高いと示す傾向がありました。ここで使用されている図書館員のステレオタイプは，もちろん，他の多くのステレオタイプよりも害が少ないですが，この例は，ヒューリスティックとステレオタイプの間のリンクを説明するのに役立ちます。

　1989 年に発行されたパトリシア・デバイン（Patricia Devine）の論文「ステレオタイプと偏見：それらの自動および制御されたコンポーネント」は，偏見の少ない人々の間でさえ，ステレオタイプを拒否するために一定レベルの動機付けと認知能力が必要であることを示しています。私たちは通常，過度の精神的エネルギーを行使することを避けるために，特に目前のタスクに重要な精神的リソースを捧げる十分な動機がない場合に，ヒューリスティックを使用します。したがって，私たちが努力して判断や決定を下す動機がない場合，代わりに自動ヒューリスティック応答に依存する可能性があり，そうすることで，ステレオタイプを伝播するリスクがあります。

　ステレオタイプは，ヒューリスティックがどのようにうまくいかないかの一例です。これらの広範な一般化は常に適用されるわけではなく，それらを継続して使用すると深刻な結果を招く可能性があります。これは，自動ではなく，労力を要する判断と意思決定の重要性を強調しています。ヒューリスティックは有用ですが，一般化されているため，不正確なものから有害なものまでさまざまなステレオタイプを広める可能性があるため，注意が必要です。

　ヒューリスティックは，一般化または経験則に基づいて迅速な判断を下すことができるメンタルショートカットです。なぜそれが起こるのでしょうか？　ヒューリスティックは一般に，問題や決定に直面したときに効率的に対応する方法であるために発生します。それらは自動的に起こり，私たちの精神的エネルギーを他の場所に割り当てることができます。特定のタイプのヒューリスティックは，さまざまなコンテキストで発生します。利用可能性ヒューリスティックは，特定の記憶を他の記憶よりもよく覚えているために発生し，代表性ヒューリスティックはプロトタイプ理論によって説明でき，アンカーおよび調整ヒューリスティックは，十分な調整に必要な労力を投入するインセン

ティブがないために発生します。

認知バイアス

　心理学用語のヒューリスティックは経験則に基づく意思決定です。それにともなって認知バイアスが生じやすくなります。認知バイアスは意思決定の過程で生じた判断の偏りです。下記は認知バイアスの種類です。

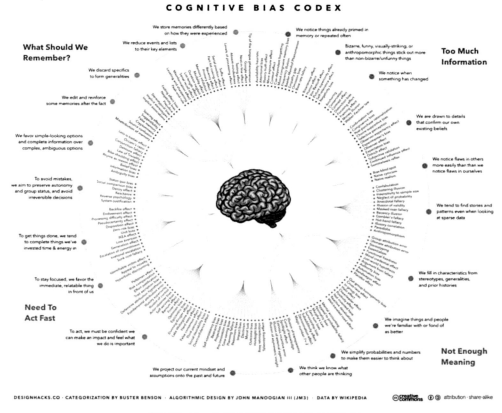

【図15-1】 COGNITIVE BIAS CODEX

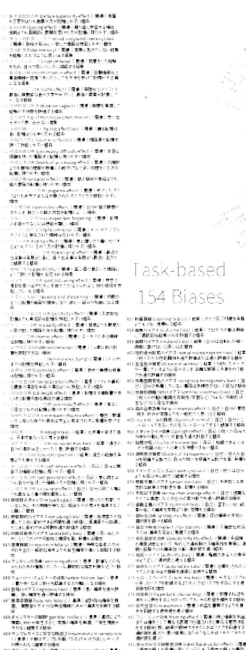

Task-based
154 Biases

【図15-2】 図15-1を翻訳し説明したものです

【引用文献】

154の認知バイアス×暗記シート　SHUN@反直観好きのITエンジニア（2021）

図のように，認知バイアスには100種類以上あります。その中でいくつか取り上げてみましょう。

①　正常化バイアス

正常化バイアスとは，危険な事態に際して，「今回も大丈夫」と過小評価することを指します。これはいわゆる「冷静」というのとはちょっと違い，正常であってほしいというストレス回避のための心理作用です。台風のなかでも，山登りやサーフィンをする人々にみられる行動です。

②　同調バイアス

同調バイアスとは，集団の場合，周囲と同調することで，なんとなく安心することを指します。集団に合わせることで安心を得ようとするストレス回避作用です。

③　楽観主義バイアス

楽観主義バイアスとは「明るくいこう」と楽観的に見ようとする傾向のことを指します。私たちにとって危険性を意識することは心理的ストレスになるため，楽観的に見ることでストレスを軽減しようという無意識の作用でもあります。

④　経験バイアス

経験が豊富であると，情報を解釈するうえで，過去の経験が大きく影響を及ぼします。このとき，過去の経験と現在の状況が大きく異なる場合，経験は判断を誤らせる原因となります。これを経験バイアスと呼びます。

⑤　未経験バイアス

未経験であると，情報を解釈するための手がかりがありません。このため，正しい判断は非常に難しくなります。これを未経験バイアスと呼びます。したがって，事前に教師が，危機に陥ったときの児童生徒を理解するために校外専門家とチームを組むことは，学校の危機回避に有効になると思います。

⑥　危機認知の「歪み」

危機認知の「歪み」とは，危機共有に影響を及ぼすバイアスです。危機情報は，人によって意味と深みの理解度が異なります。文化的要因，性格的要因，立場の違い，専門家バイアス，教育背景の差などによって，大きく違ってきます。地震の経験と理解がある日本人と地震の経験のない国の人では対応が異なることがありますが，それはバイアスの違いからです。

Chapter 16

個人：
ヒューリスティックと
認知バイアス

◎**本時のねらい**
ヒューリスティックとバイアスの回避について理解する。

① **Welcome to**
The Economist Subscription Centre

Pick the type of subscription you want to buy
or renew.

❏ **Economist.com subscription** - US $59.0
  One-year subscription to E
  Includes online access to ፤
  The Economist since 1997.

  %

❏ **Print subscription** - US $125.00
  One-year subscription to t
  of *The Economist*.

  %

❏ **Print & web subscription** - US $125.00
  One-year subscription to t
  of *The Economist* and onlir

  %

②
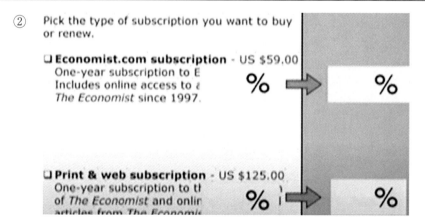

Pick the type of subscription you want to buy
or renew.

❏ **Economist.com subscription** - US $59,00
  One-year subscription to E
  Includes online access to ፤
  The Economist since 1997.

❏ **Print & web subscription** - US $125.00
  One-year subscription to t
  of *The Economist* and onlir
  articles from *The Economis*

実際，②の場合は Print は 16%，Print と web は 84% でした。

ダン・アリエリー :https://www.ted.com/talks/dan_ariely_are_we_in_control_of_our_own_
decisions

106

ヒューリスティックとバイアスを回避する方法

各章で多くのヒューリスティックと認知バイアスを理解してきました。私たちは合理的な判断をするために，ヒューリスティックや認知バイアスを防ぐことができるのでしょうか？　ヒューリスティックスの落とし穴にはまらないためには，先入観や偏見といった「バイアス」を克服できるのでしょうか？

ステレオタイプを疑う

まずは，直観やステレオタイプを疑うことが大切だと思います。代表性ヒューリスティックから生じるデメリットを避けるには，自分の思考が「ステレオタイプ」に影響されていないか，よく考えてみましょう。以下のように自問自答してみてください。

外国人が困っているようだ。英語で話しかけてみようかな。……でも，よく考えたら，外国人に見えるからといって外国人とはかぎらないし，外国人がみんな英語を話すわけでもない。ここは日本だし，日本語で話しかけてみよう。通じなかったら英語に切り替えればいいや。

情報収集に手間をかける

利用可能性ヒューリスティックが引き起こしかねないデメリットを避けるには，手に入りやすい情報だけに頼るのではなく，少し手間をかけて情報を集めましょう。直感的な印象で判断せず，具体的な数字を確認することが大切です。

去年インフルエンザにかかった知り合いはいない。でも，だからといって，インフルエンザの危険性が低いとはかぎらない。国立感染症研究所の「インフルエンザ流行レベルマップ」を見て，感染の拡大具合を確認してみよう。

希望的観測を捨てる

シミュレーション・ヒューリスティック：頭の中にシナリオを描いて帰結を推測するとき，そのもっともらしさ（代表性）の程度に従って確率を判断することです。シミュレーション・ヒューリスティックから生じるデメリットを避けるには，「希望的観測」や「過去の失敗に起因する不安」を取り除く必要があります。

ポジティブ思考・ネガティブ思考にとらわれず，目的達成に必要な手段をニュートラルな視点で考える。資格試験に合格できたら，嬉しいだろうなあ。合格して喜んでいる

自分の姿をはっきりイメージできる。合格できそうな気がしてきた！ ……いや，この
イメージと，実際の合格可否は何の関係もない。冷静になって，確実に合格するための
勉強計画を立てよう。

合理的判断ができないという限界を自覚する

　上に挙げた自問自答の例を参考に，意思決定の際，「これはヒューリスティックではな
いか？」と立ち止まって考えてみましょう。私たちの意思決定は，何らかのヒューリス
ティックになりがちです。ヒューリスティックスには，素早く判断を下せるメリット
もある一方，深刻な判断ミスを引き起こす可能性もあります。

【引用文献】

Damasio, Antonio R. (2008) [1994]. Descartes' Error: Emotion, Reason and the Human Brain.
　Random House. ISBN 978-1-4070-7206-7. Descartes' Error 1432

Devine, P. G. (1989). Stereotypes and prejudice: their automatic and controlled components.
　Journal of Personality and Social Psychology, 56(1), 5–18. https://doi.org/10.1037/0022-
　3514.56.1.5

ダン・アリエリー :https://www.ted.com/talks/dan_ariely_are_we_in_control_of_our_own_decisions

E. Dimara, A. Bezerianos, P. Dragicevic(2020); Pierre DragicevicA Task-Based Taxonomy
　of Cognitive Biases for Information Visualization. IEEE Transactions on Visualization and
　Computer Graphics 26.

Kahneman, D., & Tversky, A. (Eds.). (2000). Choices, values and frames. New York: Cambridge
　University Press and Russell Sage Foundation.

Tversky, A. and Kahneman, D. (1974). Judgment Under Uncertainty: Heuristics and Biases.
　Science. 185(4157), 1124-1131.

SHUN (2020)『154の認知バイアス一覧』－思い込みの罠から抜け出し，正しくビジネス判断する
　ための，タスクベースによる分類と暗記シート

Wikipedia (2020) 放送の基準とメディアでのできごと

https://ja.wikipedia.org/wiki/%E3%82%B5%E3%83%96%E3%83%AA%E3%83%9F%E3%83%8A
　%E3%83%AB%E5%8A%B9%E6%9E%9C

Chapter 17

攻撃性

◎**本時のねらい**

1. 人間の攻撃性を理解する

| 導入問題 | 人間にとって攻撃性を持つことは悪いことでしょうか？ |

社会心理学者が，攻撃性と暴力を定義

攻撃性を定義するのは非常に難しいため，社会心理学者・裁判官や政治家は，攻撃性と見なすべきものと見なすべきでないものを決定するために多くの時間を費やしてきました。そのためには，他人の行動の理由を判断するのに役立つ原因帰属のプロセスを利用する必要があります。

社会心理学者は，攻撃性を，危害を加えたくない別の個人に危害を加えることを目的とした行動と定義しています（Baron & Richardson, 1994）。それは意図の認識を伴うため，ある観点からは攻撃的に見えるものが別の観点からはそのように見えない場合があり，同じ有害な行動はその意図に応じて攻撃的である場合とそうでない場合があります。

繰り返し電話をかけて販売しようとする営業担当者は，危害を加えるつもりがないため，積極的ではありません。（この行動は攻撃的ではなく「積極的」であると言うべきです。）そして，他人を傷つける意図的な行動のすべてが攻撃的な行動であるとは限りません。歯科医は意図的に患者に鎮痛剤の痛みを伴う注射をするかもしれませんが，目標は処置中のさらなる痛みを防ぐことです。

攻撃的な行動の根底にある意図の2タイプ：認知的攻撃性

一方，認知的攻撃性は，意図的で計画的な攻撃性です。認知的攻撃性は感情的よりも認知的であり，完全に冷たく計算している可能性があります。認知的攻撃は，誰かを傷つけて何かを得ることを目的としています。たとえば，注意，金銭的報酬，政治的権力などです。攻撃者が目標を達成するためのより簡単な方法があると信じている場合，攻撃はおそらく発生しません。子供を殴っておもちゃを盗むいじめっ子，政治的露出を得るために民間人を殺すテロリスト，そして雇われた暗殺者はすべて，道具的攻撃の良い例です。感情的および認知的攻撃性を別個のカテゴリーとしてではなく，連続体のエンドポイントとして考えるのがおそらく最善です（Bushman & Anderson, 2001）。

攻撃性の種類

社会心理学者は，攻撃性は肉体的であると同時に口頭でもあり得るとしています。したがって，侮辱は，私たちの定義によれば，誰かを殴るのと同じように，間違いなく攻撃的です。物理的な攻撃性とは，他の人を物理的に傷つけることを伴う攻撃性です。たとえば，叩いたり，蹴ったり，刺したり，撃ったりします。非物理的攻撃は，ある物理的な危害を伴わない攻撃。非物理的攻撃性には，言葉による攻撃性（叫ぶ，叫ぶ，罵倒する，

名前を呼ぶ），および関係的または社会的攻撃性が含まれます，たとえば，他の人についてうわさ話をしたり，他の人を友情から除外したり，「黙殺」や「仲間はずれ」「ネットいじめ」を与えたりすることによって，他の人の社会的関係を故意に害することとして定義されます（Crick & Grotpeter, 1995）。非言語的攻撃性は，性的，人種的，同性愛嫌悪のジョークや形容詞の形でも発生します。これらは，個人に危害を加えるように設計されています。

- うわさ話
- 噂が広まる
- 背後にいる他の人々を批判する
- いじめ
- 他の人をグループから除外するか，そうでなければ彼らを追放する
- 人々を互いに敵対させる
- 他人の意見を却下する
- ボーイフレンドやガールフレンドを「盗む」
- パートナーが従わない場合，パートナーと別れると脅迫する
- 相手を嫉妬させるために他人とイチャイチャ

攻撃性：世界を震撼させた「ミルグラムの服従実験」

　1963年，権威の下にある一般人の服従の心理を最初に実験で検証したのは，米イェール大学の心理学者スタンレー・ミルグラムです。彼は，かつてナチスの権威の下で徹底した服従を示し，結果としてホロコーストで数百万人ものユダヤ人を殺戮した責任者，アドルフ・アイヒマンの心理を研究すべく，役者の演技で擬似的につくり出された権威者に，どれだけの人が服従するかを実験しました。

　彼らはクジで教師役と生徒役に分けられ，学習における罰の効果を見るための実験だと説明された。配役はクジで決定されるといっても，実際は被験者が必ず教師役になるように仕掛けられており，生徒役となるのは実験協力者である。ここで試されるのは，閉鎖的な状況で，権威者の指示で執行を促されたとき，人はどこまで服従し，他人に電気ショックを与えられるのかという実験である。

【写真17-1】 Psychologie van het beïnvloeden: Milgram experiment Teacher student
Psychologie van het beïnvloeden: Milgram experiment

追試実験

ポーランドでの再実験の教師役となったのは，18 ～ 69 歳までの被験者 80 人（男性 40 人，女性 40 人）でした。従来のミルグラム実験と異なるところは，これまで生徒役は常に男性役者だったが，今回の実験では半数を女性に，もう半数を男性にしたところです。生徒役の性別の違いが，教師役の行動にどう影響するかを検証しました。

女性は男性に比べて一般的に物理的に力が弱く，欧米社会ではより親切に扱われ，何かと優先されることが多いです。その半面，女性は身体的な虐待に遭いやすいという統計もあります。この社会的認識は，実験結果をどのように変えるのでしょうか？

結果

実験の結果，90 パーセントの被験者（80 人中 72 人）が，最高電圧を与える 10 個目のボタンを押しました。これはミルグラムの 2 度目の実験結果（85 パーセント）とほぼ同様の数字でした。生徒役が女性であった場合は，男性のときと比べて続行拒否を訴える人の数は 3 倍に上りました。

攻撃性は悪か：臨床心理学の視点で

時代を超えて人間にはびこる攻撃性は悪なのでしょうか。ここでは臨床心理学の立場で攻撃性を考えた事例があります。攻撃性について考えていただきたいと思います。

＜夢の内容＞

夢は，寝ている私を，男の人が現れて起こすのである。

＜現実の出来事＞

　小学校 5 年生の娘が登校中に，二人の若者に襲われ上着を切られる。そればかりでなく学校でマスコミが教室に入り，娘を撮影しようとする。また，マスコミが自宅に来て登校前の息子に「学校から言われたけど●●ちゃんの家だね。切られた上着をみせて」と言って，撮影をする。さらに，10 人の男性警察官が学校の会議室で，娘一人の事情聴取をする。その後も，警察官が「△△さんの家の●●ちゃんが襲われたけど」と，聞き込み調査をする。

＜当日の家族の状況＞

　共働きの私たちは，事件時すでに出勤しており家にいた長男は，すぐに携帯で夫に知らせ，夫は携帯で警察に「私服の婦人警官が対応してください」とお願いをする。

　夫は，私の学校に電話をするが細かな事情を説明せず「本日入試です」という管理職のコメントにまじめな夫はあきらめる。

＜西村先生のコメント＞

　あなたは男性性（攻撃性？）が強い。夢に男性が現れているでしょう。女性性がみられない。あなたの代わりにお嬢さんが襲われた。（もちろん，夢分析以外に警察対応等具体的な助言をしてくださった。ここでは，割愛させていただく。もちろんその他すばらしい教育分析であったが，ここも割愛させていただく）西村先生の教育分析を直接受けた私は，自分らしさとは何か危機や不安戸惑いが起きるたびに考える。エリクソンの漸成的発達理論で言えば，私は成人期では「孤立」し，壮年期では人の「世話」をするほど力量はなかった。現在は老年期に入ろうとしている。それでは「自我の統合」までとても行っていない。しかし，私は自分の男性性を常に考え「孤立」しているが，建設的に生きている。私は私であり，男性性を隠しながら大切にしている。それが，私の力になっている。40 代に西村先生の教育分析が私の根幹であり，その後の人生を決めたといってよいであろう。

攻撃性と認知バイアス

　自分の信念を促進するためのテロリズムの例は，ノルウェーのダウンタウンでの爆弾攻撃と子供たちの銃撃事件によって 2011 年 7 月に 90 人以上を殺害した Anders Behring Breivik（32）の行動に見ることができます。キャンプ場。ブレイビクは，彼の行動が移民についての彼の保守的な信念を広め，多文化主義（特にノルウェー社会へのイスラム教徒の包含）によってもたらされる脅威についてノルウェー政府に警告するのに役立つと信じて，何年もの間彼の攻撃を計画しました。認知的攻撃のこの暴力的な行為は，テロリストに典型的です。

復習問題	二つの事例を参考に下記に問に答えてください。 あなたは，自分の攻撃性を自覚していますか？ 健全な攻撃性とはどのようなものでしょうか。

【引用文献】

Principles of Social Psychology

https://open.lib.umn.edu/socialpsychology/chapter/10-1-defining-aggression/

Chapter 18

さまざまな, 心理学

◎**本時のねらい**
1. 多様な応用心理学を理解する
2. 多様な応用心理学研究の意義を考える

導入問題	次のアンケートに答えてください。また，グループ毎平均点をだしてください。ただし＊は，5を1点〜1を5点にしてください。

そう思う1点，まあまあ思う2点，ふつう3点，あまり思わない4点，そう思わない5点

点　数	1	2	3	4	5
連帯・積極性					
地域でのボランティアなどの社会的活動に参加してみたい					
住みよい地域づくりのために自分から積極的に活動していきたい					
地域のみんなと何かすることで自分の生活の豊かさを求めたい					
自己決定					
地域での問題の解決には，地域住民と行政が対等な関係を築くことが重要である					
地域をよくするためには，住民がすることに行政の側が積極的に協力するべきだ					
地域をよくするためには，住民自らが決定することが重要である					
愛　着					
いま住んでいる地域に，誇りとか愛着のようなものを感じている					
＊この土地にはたまたま生活しているが，さして関心や愛着といったものはない					
人からこの地域の悪口をいわれたら，自分の悪口をいわれたような気になる					
他者依頼					
＊自分の住んでいる地域で住民運動が起きても，できればそれにかかわりたくない					
＊地域をよくするための活動は，熱心な人たちに任せておけばよい					
＊地域での環境整備は，行政に任せておけばよい					

平均値

連帯・積極性 （　　　）	自己決定 （　　　）	愛　着 （　　　）	他者依頼 （　　　）

　このアンケートはコミュニケーション心理学にかかわるアンケートでした（石盛・岡本・加藤，2011）。具体的には，地域社会に対する態度や意識を見ています。392人（平均

年齢 40.9 歳, 男性 50.3% ・ 女性 49.7%, 住居：一戸建て 35.2%, マンションアパート分譲
25.3%, マンションアパート賃貸 31.4%, その他 8.2%)。

平均値は下記のとおりです。

連帯・積極性 (2.90)	自己決定 (3.55)	愛 着 (2.93)	他者依頼 (2.83)

　1875 年ジェームスは, ハーバード大学で心理学を教えており, アメリカで最初の実験
心理学研究所を開設したことから, 現代心理学の発展に寄与した心理学者として評価さ
れています。また, ドイツのライプツィヒ大学ヴントは, 実験心理学の父とよばれ, 人
の心を科学としてとらえようとしました。内観法（統制した条件で自己観察・分析・報
告）によって研究をしました。そればかりでなく, 大学教育においてカリキュラムの中に
心理学を位置付けました。これらの年代が心理学のスタートとされています。それから,
150 年ほど経ちました。認知心理学・発達心理学・学習心理学・社会心理学等の基礎心
理学が発達し, さらに, 応用心理学が発達しました。基礎心理学の一部を紹介します（表
18-1）。

基礎心理学

【表18-1】 基礎心理学

神経心理学	脳を中心とする神経系と心理過程との関連を研究対象とする。一般的に脳の損傷が行動や精神へどのような影響を及ぼすのか研究を行っている。
知覚心理学	人間の感覚や知覚などの低次な機能を研究対象とする。外部からの情報を取り入れるプロセスとそのメカニズムの解明を目的としている。認知心理学に分類されることもある。
認知心理学	コンピュータと同様に, 人も情報処理システムであるとする考え方をとり, 知覚, 記憶, 理解, 推論, 感情など人間の高次認知機能を研究対象とする。
社会心理学	社会の中での人の心理過程とその行動との関連を研究対象とする。個人の社会に対する認知過程や対人関係, 集団や群集, 文化の中での人の行動など, 幅広い領域を対象としており, 他の分野との関わりも深い。
学習心理学	人を含む動物が, 経験を通して行動を変容させていく過程を研究対象とする。
発達心理学	人の生涯を通しての発達過程を研究対象とする。人の成長過程や変化での, 心的, 社会的, 身体的な発達とそのための条件や, その発達を阻害する要因などを研究している。
人格心理学	人の性格や人格を研究対象とする。
異常心理学	行動や人格に見られる異常な現象を研究対象とする。異常な現象の中には病的な障害としての異常と, 正常者における例外的状態としての異常がある。

応用心理学の分類

　応用心理学は，基礎心理学を応用した分野をいいます。臨床心理学，産業心理学，教育心理学，犯罪心理学，交通心理学，動物心理学，家族心理学などがあります。ここでは，応用心理学の一部を紹介します。

コミュニティ心理学とは

　「コミュニティ心理学は（中略）行動，人と環境の相互作用や社会が個人やコミュニティの機能にどのように影響を与えるかに関係する心理学の一分野である。コミュニティ心理学は，個人，グループ，組織に影響を与える社会問題，社会制度，その他の設定に焦点を当てている。」(Dalton Elias & Wandersman, 2001)。そして，Rappaport (1977) は，コミュニティ心理学の視点を，個人の性格や環境を変えようとするのではなく，研究と行動の焦点である人と環境の適合（これはしばしば作業環境に関連している）に関する生態学的視点として論じています。個人は問題を抱えていると見られています。コミュニティ心理学は，コミュニティのメンタルヘルス運動から生まれましたが，初期の開業医が政治構造やその他のコミュニティの文脈に関する理解をクライアントサービスの視点に取り入れたため，劇的に進化しました (Levine・Perkins, 1997)。

コミュニティ心理学の意義

　社会関係資本とは，人々の協調行動が活発化することにより社会の効率性を高めることができるという考え方のもとで，社会の信頼関係，規範，ネットワークといった社会組織の重要性を説く概念です。コミュニティ心理学を通しての社会関係資本が生かせれば，人々の協調行動や信頼関係がたかまります。コミュニティ心理学には，地域社会を中心とした意図的で継続的なプロセス，相互尊重，批判的考察，思いやり，グループ参加が含まれます。さらに，個人や集団が本来持っている潜在能力を開花させるエンパワーメントの働きがあります (Zimmerman, 2000)。

　しかし，人と環境は相互にかかわりますので，世代間・異文化等多様性に関する課題解決等あります。コミュニティ心理学，社会的ジレンマ・災害リスク・犯罪認知等のテーマが関わってきます。石川は，学校と地域の専門機関のコミュニティ心理学を明らかにしています（石川, 2018・2019）。

産業心理学

　産業における人間の行動を観察，実験，調査などの方法で研究し，その適応を良好にして生産性を高め，労働，組織，経営に関する諸問題解決のために有効な知識や方法を提供しようとする心理学の一部門です。個人と組織との相互作用過程という枠組に基づいた，仕事の動機づけ，組織構造，リーダーシップの影響過程，組織コミュニケーション，

意思決定，組織活性化，組織開発といった領域を研究対象とする組織心理学が産業心理学を母体として生まれました。

景観心理学

下記のいろいろな写真を見て，あなたはどのように感じますか？

http://lbm.ab.a.u-tokyo.ac.jp/~omori/ques_axis.html

上記の研究は，東京大学生物測定学研究室が 2000 年度に農学部 3 年生 39 名（男子 29 名，女子 10 名）を対象に，個人庭園の代表的な 78 景観から適当に選んだ 40 庭景観写真に対し，質問票による評価実験を行いました。質問項目の一部を紹介します。

1 草木以外の物が目立つ，2 花がたくさん咲いている，3 芝生がきれいである，4 広々とした感じがする，5 殺風景である……31 樹木と草花の混合である，31 和風の庭である，32 この庭は好きである等です。

このように，人と環境の関係を調べたものが景観心理学です。さまざまな定義があります。「環境心理学は心理学において，人間（動物も含む）とその環境との間の相互作用や関係性をとらえる分野」と定義しています（McAndrew, 1993）。また，「環境心理学は多数の学問分野に根ざした研究分野であり，そこでは生物学，地学，心理学，法律，地理学，経済学，社会学，化学，物理学，歴史学，哲学などの分野，さらにはその下位の諸領域が人間と環境との関係性を理解するという関心を共有している」という定義もあります（Veitch & Ark-kelin, 1995）。つまり，景観心理学を，動物も含めた人間と環境との相互関係を見るとらえ方と，歴史や哲学も含めた中で，人間と環境との相互関係を見るとらえ方もあります。したがって，領域が曖昧です。

環境心理学について，太田（1998）は，景観研究も含め今後の環境心理学の発展のためには，心理学が実証主義に基づく科学的装いに固執せず，幅広い視点に立って諸学を結ぶ媒介的役割を担うことが求められると今後の課題を明らかにしています。

移動の心理学

前村・加藤・藤原（2015）は，移住者の個人内で生じる心理的プロセス，パーソナリティや，移住先との心理的つながり（愛着）の研究をおこなっています。沖縄移住の動機は，〈ビジネス・勉強型〉，〈同伴型〉，〈ライフスタイル変化型〉の3パターンに大別されることが示されました。Furnham & Bochner による国際移住の動機の類型と照らし合わせると，〈ビジネス・勉強型〉は「海外勤務者」「留学生」に該当し，〈同伴型〉は（海外勤務者などの）「同伴家族」に該当するパターンであると考えられます。〈ライフスタイル変化型〉は，移住動機を質的に分類した結果として現れた独特のパターンであり，国際移住の類型に該当するものは見られませんでした。この研究の調査協力者は若い世代が中心であったため顕出されていなかったかもしれません。退職後に新しい土地での生活を求める「リタイアメント移住」も〈ライフスタイル変化型〉に含まれると予想されます。

また，城倉（2016）は，地域移動を伴う転職者への適応プロセスの特徴を研究しています。14人のインタビューを分析し，「キャリア意識」「行動・学習」「職場・組織」の三つのカテゴリーに整理し，九つのサブカテゴリーを抽出しました。その結果，地域移動を伴う転職者に特有な概念として「地域居住志向」「地域特性学習」の二つの特徴がみられました。また，Uターン転職者とIターン転職者の適応プロセスにおける共通点と相違点が確認されました。

このような移動にかかわる人の心の変化を，移動の心理学といいます。グローバル化に伴って，人の移動がますます頻繁におこり重要な研究になると思います。

道徳心理学

　人が現実の世界でどのように道徳的規範を理解し判断するのかの研究です。この心理学の分野は, 道徳心理学と呼ばれます。3章で詳しく扱います。道徳の研究は, 古代より, 哲学・倫理等で行われてきました。しかし, 道徳心理学の研究の歴史は, 20世紀のコールバーグの研究がスタートです。

ポジティブ心理学

　ポジティブ心理学のスタートは, 行動主義の心理学から来ています。無意識を扱う精神分析や全体をとらえるゲシュタルト心理学と異なり, 行動主義は, 人の刺激と反応をみます。ポジティブ心理学は, ネガティブさよりもポジティブさに関心を向けることが幸福のカギだとみなします。ポジティブ心理学の分野としては, 臨床心理学や社会心理学による研究が主流ですが, 道徳心理学の考察方法が根底にあることもポジティブ心理学について議論する上では重要な要素の一つとなっています。徳倫理学 (virtue ethics) を問題とするポジティブ心理学においては, 「よい生き方」とは「良い生き方」であり, また「善い生き方」でもあります (ポジティブ心理学のホームページより)。5章で詳しく説明します。

【引用文献】

Dalton, J.H., Elias, M.J., & Wandersman, A. (2001). "Community Psychology: Linking Individuals and Communities." Stamford, CT: Wadsworth.

石盛真徳・岡本卓也・加藤潤三 (2013) コミュニティ意識尺度 (短縮版) の開発　実験社会心理学研究53 (1), 22-29

前村奈央佳・加藤潤三・藤原武弘 (2015)　移動を希求する心理:『ライフスタイル移民』についての社会心理学的考察　関西学院大学社会学部紀要 (120), 133-146

心理学の分類　科学事典　https://kagaku-jiten.com/psychology.html

McAndrew, F. T. E (1993) nvironmental Psychology, Pacific Grove, California : Brooks / Cole Pub-Iishing Company.

太田浩之 (1998) 環境心理学再考―景観研究を中心として―放送大学研究年報16, 15-36.

Rappaport, J. (1977). "Community Psychology: Values, Research, & Action." New York: Holt, Rinehart & Winston.

Levine, M., & Perkins, D.V. (1997). "Principles of Community Psychology (2nd Ed)". New York: Oxford University Press.

Veitch, R. & Arkkelin, D. (1995) Environmental Psychology : An InterdisciPlina, En-glewood Cliffs, New Jersey : Prentice-Hall, 1995.

Zimmerman, M.A. (2000). Empowerment Theory: Psychological, Organizational and Community

Levels of Analysis. "Handbook of Community Psychology," 43–63.

東京大学生物測定学研究室編, 実践生物統計学—分子から生態まで, 第2章　住宅庭園の景観が与える影響—多変量・多次元解析—, 11-24, 朝倉書店, 2004.

Chapter 19

企業に対する感情

◎**本時のねらい**
1. 企業に対する感情について理解する
2. 大学生の企業イメージを理解する

<table>
<tr><td>導入問題</td><td>① 次の図19-1を見て何の図か考えてください。
② あなたのイメージとの相違を書いてください。</td></tr>
</table>

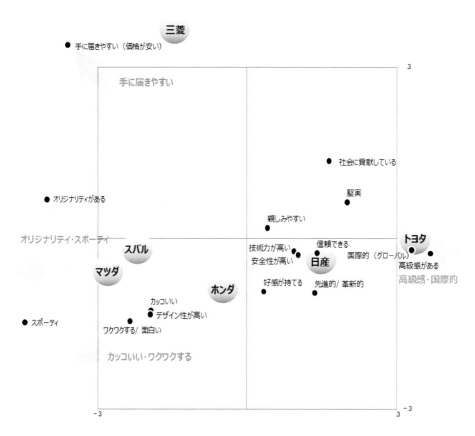

【図19-1】 日本自動車ユーザー研究所（2018）

図の見方

　コレスポンデンス分析とは，分数の要因の関係を明らかにし，可視化したものです。このコレスポンデンス分析は，集計結果をマッピングし，数字だけでは一見分かりづらいカテゴリー間の関係性を視覚的に把握できるようにする手法です。このマップでは，類似性の高い項目が原点から同じ方向にプロットされます。原点から見て同じ方向にあれば，一見距離があっても，同じような要素をもつ項目であると言えます。逆に原点をはさんで対極にある項目同士は，正反対の要素を持つ項目であると言えます。原点からの距離は，どれだけその方向の要素を特徴的に有しているかを表します。特徴的な項目ほど，原点より遠くにプロットされます。

　図19-1は，日本の国内に住む20～60代男女2162人に，国内のクルマメーカー9社に抱くイメージを聞きました。ここでは企業への感情（イメージ）がどのように，消費者の行動に影響しているか検討しました。また，学生が中小企業・大企業をどのように見ているか紹介し，みなさんに考えていただきたいと思います。

消費行動

　私たちがボールペン1本を購入するにあたっても，多様な要因が考えられます。それは，文具以外にも，旅館などの形のないサービスを提供する仕事であるサービス業や引っ越しなどの運送業にも当てはまります。消費者がもつ購買力や，価値観等からも消費者の行動（以下消費行動）が変わってきます。ここでは，消費行動をできるだけ単純化した研究を紹介したいと思います。

　ブラックウェル（Blackwell）らは，消費者の購買意志決定モデル（Blackwell, Minird & Engel:EBMモデル）を作りました（図19-2）。

　EBMモデルは，消費者の購買意思決定を初期状態から目標状態に至る心的操作の系列とみなし，記憶や情報処理などの認知的なメカニズムによって購買の過程を記述した

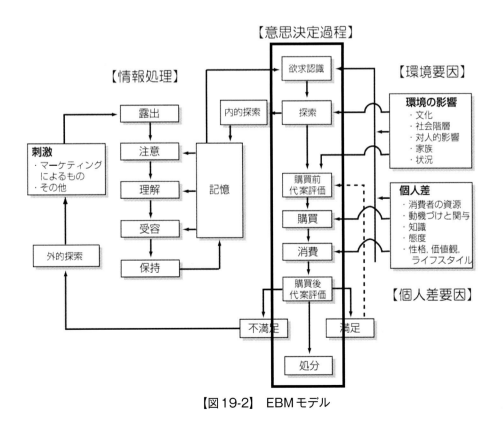

【図19-2】 EBMモデル

ものです。時間的な経過を追った購買過程の各段階において影響を与える環境要因と個人要因，および情報処理に関係する心理学的な機能が組み込まれています。また，消費者が商品を入手した後の消費や評価，処分に至るまでが明確にモデルに取り入れられている点に特徴があります（田中・浅加・中鉢・井庭，2001）。EBM モデルの他に消費行動の包括的仮説モデルは，ハワードシェスモデルがありますが，EBM モデルは長い間改良を加えられ広く使われているため紹介します。【図 19-2】内の太い枠で囲んだ部分を紹介したいと思います。

消費行動における意志決定の段階

EBM モデルにしたがって，順に説明していきます。

欲求認識

「疲れているから気分転換に旅行に行きたい」「温かい鍋物が食べたい」等消費者がなんらかの欲求を認識する段階です。この段階ではマズローの欲求階層論などの心理理論が当てはまります（図 19-3）。マズローは，人の全体を理解する必要性を重視し，だれにでもある欲求の階層段階について述べました。つまり飢餓や口渇のような生理的欲求が満たされると，安全，愛情や自尊心のような，より高次な心理的欲求への動機となると考えたのです。その中でも，自己実現をもっとも高次の欲求であるとしました。

消費行動は，場合によっては，自己実現の欲求（自分らしい生き方の欲求）とも言えます。このような，消費者の目に見えないニーズを整理することも重要なことだと考えます。

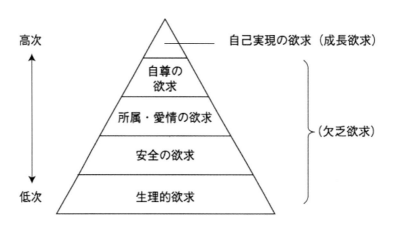

【図 19-3】 マズローの欲求階層論

126

探求

　消費者の欲求を整理し，問題解決のために，情報の探索が必要です。探索は内部探索として，商品やサービスに関しての消費者の情報を，言語化できるようにします。しかし，言語化できない方もいますので，知識やイメージを提供して探求を促します。場合によっては外部探索として，写真をみせたり，消費動向をつたえることも必要となります。営業者は，マーケティング・コミュニケーションが重要となります。企業が顧客に商品やサービスなどを知ってもらう，イメージを持ってもらう，購買してもらうなどの目的で顧客との接点を作り，コミュニケーションしていく活動全般のことを「マーケティング・コミュニケーション」と言います。現在では，消費者は，インターネットなど，様々なタッチポイントからそれを得ることができます。

購買前代案評価

　この段階は，消費者の選んだ代案が自分の欲求と会っているか評価します。したがって，購買前ですので，消費者の持っているイメージや企業のブランド力は重要なものになります。

購買

　代案の評価によって実際に購入する段階です。

消費

　購入された商品やサービスを利用する段階です。

購買後段階評価

　消費者が購買した商品やサービスを利用した結果，評価する段階です。購買後の評価が選択以前の水準を上回るものであれば満足し，そうでなければ不満足となります。そうすると，それ以降の消費行動に影響を与えます。その後の購買意向に影響し，口コミなどによってほかの消費者へその評価が伝わることもあります。

処分

　使用されなくなった商品は，何らかの形で処分されます。リサイクル・廃棄等の方法があります。

　このようなモデルを用いると，消費者の状態に応じたサービスや商品のプロモーション戦略やマーケティング戦略をとることが可能になります。また，間違った戦略をとっていた場合でも改善していくことが可能になり，その後に生かすことができます。また，杉本（2013）は，購買代案評価において，情報探索が低い場合，十分な情報探索が行われ

ずにまずブランド力が選択され，その後に購入したものに対する評価がなされると述べています。

　皆さんも何か気になる製品プロモーションを目にした時は，その戦略はどの意思決定プロセスにある消費者をターゲットにしたものか，考えてみてください。

消費行動

　ここでは，販売する立場から消費行動をさぐりたいと思います。販売者の想像力について，ハーバードビジネススクールのLevitt（1983／1984）は，販売戦略想像力こそがビジネスに成功をもたらす第一歩であると述べ，顧客の問題を理解するために想像力が必要と主張しています。消費者行動がもっと明らかになると述べています。消費者行動が具体的にわかると販売戦略が立てやすいですね。それを研究した人がいます。フィッシュバインはEBMモデルの購買前代案評価について，可視化できるようにしたのです。提唱者の名をとってフィッシュバインの多様性態度モデルとも呼ばれています。このモデルの特徴は，「信念（P）」「評価（I）」という2つの要素が組み合わさっているところです。「信念（P）」とは備わっているかどうかの信頼度です。「評価（I）」とは各自の重要度です。

　A，B，Cの三つのブランドのスマホでたとえてみましょう。信念とPと「そのことは価値がある」という重要度Iとを掛け合わせた値を，他の属性の評価（色，見栄えなど）についても求めて，それらを加算した結果$A = \Sigma PI$で決まるとします。

　具体的に計算しましょう。

【表19-1】　　　　　　　　　　　　　　　　　　　　　　　　　　　　　点

スマホ	各項目の信頼感（信念P）		
	価　格	デザイン	機　能
Aブランド	3	3	1
Bブランド	2	1	2
Cブランド	1	1	2
評　価（I）			

信念：ありそうだ　3　～　ない　1
評価：良いと思う　3　～　悪いと思う　1

　計算してみましょう。（信念Ｐ）×評価（Ｉ）ですので，それぞれの信念に評価点を書けて合計しましょう。

　Ａブランドは，価格３×３（評価点）＋デザイン３×３（評価点）＋機能１×３（評価点）＝ 21 となります。

　フィッシュバインの多様性態度モデルとは，消費者の態度を，ブランドなどの対象が持つ価格やデザイン，性能などの製品属性の重要度と，それらの製品属性をその対象が有しているという主観的判断を明らかにするもので，ブランドや商品・サービスの対策ができるようになります。

　アサヒビールは新しい商品開発にあたって，大規模な嗜好調査を行い，「もっと，キレのいい，もっと爽快なビールが欲しいということを踏まえ，スッキリして飲みやすい，和・洋どんな料理にも合う，飲み飽きないビールを，お客様は求めている！」という結果を得ました。つまり，購買前代案評価を行ったのです。そして，消費者の「キレとコク」という新しいビールの基準を提起し，「アサヒ生ビール　スーパードライ」を発売しました（堀内，2017）。消費者が今後重視する属性を先行させ消費者の認知構造を変えた事例です。

復習問題	① 表19-1それぞれの合計点をだして，ブランドに対する消費者の態度を変化させる対策をたてましょう。 ② フィッシュバインの多様性態度モデルの他にいろいろな消費者行動の研究があります。調べてみましょう。

【引用文献】

Fishbein, M. (1963) An investigation of the relationships between beliefs about an object and the attitude toward that object. Human Relations, 16, 233-240.

堀内　昌英 (2017)「アサヒ スーパードライ」開発秘話に迫る！ https://www.asahigroup-holdings.com/research/labgarden/event/report/2017/04/17/034169.html

田中潤一郎・浅加浩太郎・中鉢欣秀・井庭崇 (2001) 基礎モデルによる消費者行動のモデル化 計測自動制御学会 システム工学部会・知能工学部会共催研究会

日本自動車ユーザー研究所 (2018) 国内のクルマメーカー９社に抱くイメージは？【ブランドイメージ調査2018】https://jacri.jp/column/686

杉本徹雄 (2013)　消費者意思決定モデルにおける動機づけメカニズム　上智経済論集 58 (1・2), 299-305.

Chapter 20

地域と組織と道徳

◎**本時のねらい**

1. 道徳心理学を理解する
2. 地域組織での道徳行動の発展を考える

次の言葉から何を想像しますか。

雪印メグミルクグループのシンボルマーク
https://www.meg-snow.com/

導入問題	① 雪印にどのようなイメージを持っていますか？ ② 雪印にかかわる事件を調べましょう。 　経過・原因・対策等にわけてまとめましょう。

雪印食中毒事件

　2000年（平成12年）6月に雪印乳業（株）大阪工場製造の低脂肪乳などにより発生した食中毒事件。6月27日大阪市保健所に最初の食中毒患者の届け出がありました。

雪印乳業食中毒事件の被害

　大阪市の保健所及び保健センターに届け出られた有症者3567名のうち，大阪市に在住する者は，乳幼児や中高齢の女性を中心に3511名であり（以下「大阪市在住有症者」とする），このうち，1272名が受診し，79名が入院しました。

　これらの大阪市在住有症者のうち，3488名は，急性胃腸炎症状である下痢，腹痛，嘔吐，嘔気のうち，1以上を呈しましたが，他の23名は発熱，発疹等を呈し，消化器症状はありませんでした。また，これらの3488名の有症者潜伏期間別の分布を見ると，12時間未満が2429名（69.6％）と最も多く，不明742名（21.3％），12時間以上24時間未満213名（6.1％），24時間以上104名（3.0％）の順でした（厚生省，2000）。

雪印による企業犯罪

(1) 雪印乳業食中毒事件

　雪印乳業大樹工場で製造された脱脂粉乳が停電事故で汚染され，それを再溶解して製造した脱脂粉乳を大阪工場で原料として使用していたことがわかりました。その脱脂粉乳に黄色ブドウ球菌（エンテロトキシン）が含まれていたことが原因でした。雪印乳業（株）は事件直後の対応に手間取り，商品の回収やお客様・消費者への告知に時間を要したため，被害は3567名に及びました。この事件によって，人々に牛乳，乳製品をはじめとする加工食品の製造に，不信と不安を抱かせるだけでなく，乳等省令についての乳業界の解釈と社会の理解との乖離が明らかになるなど，社会に対して大きな影響を与えました。

(2) 雪印食品牛肉偽装事件

　2001年（平成13年）9月，国内でBSE感染牛が発見されたため，国はBSE全頭検査開始前にと畜された国産牛肉を事業者から買い上げる対策を実施しました。雪印乳業（株）の子会社であった雪印食品（株）がこの制度を悪用し，安価な輸入牛肉と国産牛肉とをすり替えて申請し，交付金を不正に受給したという，明らかな詐欺事件です。事件は2002年（平成14年）1月23日の朝日，毎日両新聞の報道で表面化しました。背景には，食肉業界で「原産地ラベル張り替え」が日常化していたことや雪印乳業（株）の食中毒事件の影響により雪印食品の売上が減少し経営が悪化していたことに加えBSE牛発生に伴う消費者の牛肉買い控えにより大量の在庫を抱えてしまっていた，などの状況がありました。しかし，最大の原因は，当事者の考えや上司の指示がコンプ

ライアンスや企業倫理に反するものであった，ということは否めません。

事件が顕在化してから3ヶ月後の2002年（平成14年）4月末に，雪印食品（株）は解散しました。

(3) 雪印八雲工場食中毒事件

1955年（昭和30年）3月，東京都内の小学校9校で，学校給食で出された脱脂粉乳により発生した食中毒事件で，患者数は1579人に上りました。この脱脂粉乳を製造したのが当時北海道渡島にあった，雪印乳業（株）八雲工場でした。原因物質は黄色ブドウ球菌で，脱脂粉乳の製造時に重なって発生した製造機の故障と停電により，原料乳あるいは半濃縮乳が粉化前に長時間放置されたことで菌が増殖したものと推定され，2000年に発生した食中毒事件と全く同様と言える事件でした。この八雲工場食中毒事件を風化させてしまい，その教訓を活かすことができなかったことが，2000年の食中毒事件の発生につながったとも言えます。八雲工場の事件後，当時の社長であった故佐藤貢（みつぎ）が全社員に向け発した言葉「全社員に告ぐ」を出しています。

道徳心理学

雪印の三つの事件は，日本国内でおきた企業犯罪です。企業にも道徳が求められていることが，理解していただけでしょうか？ 最近ではコロナウィルスによる世界的被害があります。企業ばかりでなく国による責任も追及されるようになりました。

そこで，モラルつまり道徳について，理論を明らかにし，ビジネスとの関係を見たいと思います。道徳心理学については，Dyadic Morality（二重過程道徳）理論を紹介し，直観的な道徳判断や対人的な相互作用に基づく道徳的役割の付与について概観したいと思います。具体的には，道徳心理学の基礎理論と代表的な直観的道徳モデル・二重過程モデル・モラルタイプキャスティング等を紹介します。

下記の設定場面で女性の夫の行動について，質問にしたがって答えてください。

【設定】

ヨーロッパで一人の婦人がたいへん重い病気のために死にかけていました。その病気は特殊な病気でしたが，彼女が助かるかもしれないという薬があり，それはおなじ町の薬屋が最近発見したラジウムの一種でした。その薬の製造費は高かったのですが，薬屋はその薬を製造するのに要した費用の10倍の値段をつけていました。薬屋はラジウムに200ドル払い，わずか一服分の薬に2000ドルの値段をつけたのです。病気の婦人の夫であるハインツはあらゆる知人にお金を借りに行きましたが，薬の値の半分（1000ドル）しかお金を集めることができませんでした。彼は薬屋に妻が死にかけていることを話し，薬をもっと安くしてくれるか，でなければ後払いにしてくれるよう頼みました。し

かし薬屋は「だめだ，私がその薬を発見したんだし，それで金儲けをするつもりだからね」と言うのです。ハインツは思いつめ，妻のために薬を盗みに薬局に押し入りました（野村，2011）。

【質問】

　下記の表から重要だと思う項目を四つ選んでください。そして，順位をつけてください。**1番重要なものを4点，4番目に重要なものを1点としてし**，それぞれ4, 3, 2, 1の得点を書いてください。

	得点
1. 我々の社会の法律がそのことを是認するかどうか (4)	
2. 愛する妻のことを思ったら盗むのが当然か (3)	
3. ハインツは刑務所にいくような危険を冒してまで，奥さんを助ける必要があるかどうか (2)	
4. ハインツが盗むのは自分のためなのか，それとも純粋に奥さんを助けるためなのか (3)	
5. 薬を発見した薬屋の権利は尊重されているかどうか (4)	
6. ハインツは夫として奥さんの命を助ける義務があるかどうか (4)	
7. 我々が他の人に対してどうふるまうか決める時，根本となる価値は何だろうか (5)	
8. 金持ちを守るだけの無意味な法の庇護によって薬屋は許されてしまっていいのだろうか (4.1/2)	
9. この場合法律が社会の構成員の最も基本的な欲求の実現を阻んでいないかどうか (5)	
10. このように欲が深く残忍な薬屋は，憎まれて当然かどうか (3)	
11. このような非常事態でも盗むことが，薬を必要としている社会の他の人々の権利を侵害することにならないかどうか (5)	

（ ）はステージ

【換算方法】
　ステージごとに算出してください。具体的には，ステージの値（例えばステージ2な

らば 2, 但しステージ 4.1/2 は 4.3）と得点を掛けたものを加えてください。そしてステージごとの平均を出してください。

	2	3	4	4.1/2	5
平均					

道徳の基礎理論

https://www.firstdiscoverers.co.uk/child-development-theories-jean-piaget/
【写真20-1】 ジャン・ピアジェ（Jean Piaget, 1896-1980）

　ピアジェは自分の子どもの様子を観察して，発達心理学を唱えました。その中で，道徳の発達について述べています（表20-1）。ピアジェは，子どもの規則の行動面と意識面について，理論を立てています。なお，各段階には，参考までに，年齢を示していますがピアジェは，年齢よりも発達のメカニズムが重要であるとしています。

【表20-1】

	行動面	意識面
1　感覚-運動的	知能と道徳の区別ない。反射行動	規則を強制的でない段階
2　自己中心性の段階	他者の視点にたてない。 集団遊びはしたいが，まだ上手く人と遊ぶことができない。一人遊びも好きです。	規則の永続の段階
3　初期協同の段階	規則に従いたい 集団遊びができるようになる。	
4　規則の制定化の段階	相互同意に基づく規範 遊びが複雑になる	相互同意に基づく規範

　まず，規則の行動面では，4段階にわかれます。1 感覚 - 運動的（sensori-moteur）の段階，2 自己中心性の段階（égocentrisme），3 初期協同の段階（stade de la coopération naissante），4規則の制定化の段階（stade de la Codification des regles）という4の段階について明らかにしました。

1感覚‐運動的（sensori-moteur）の段階の子ども（誕生から2歳ごろ）は，知能と道徳の区別も意味があるとは思えない段階です。2自己中心性の段階の子ども（3歳ごろ）は，集団遊びはしたいが，まだ上手く人と遊ぶことができません。一人遊びも好きです。たとえば，このころのおはじき遊びをしている子どもは，自分の中で規則をつくり，その規則を変化させながら遊びます。3初期協同の段階の子ども（4歳から7歳）は，鬼ごっこやドッチボール等の集団遊びができるようになり，規則に従いたいという気持ちがわいてきます。制定化の段階の子ども（8歳〜）の遊びは複雑になり，また，規則が社会的習慣であり，合意によるものであることが理解できるようになります。

規則の意識面では，3段階にわかれます。特に，ピアジェの特徴は，自らの規律に従う自律か，他者からの命令つまり他律の視点で分析をしています。意識の第1段階は，規則が強制的でない段階です。第2段階は規則の永続の段階です。子どもはピアジェのインタビューの中で，規則の起源は大人または神という外部にあり永続していくと答えています（関口，2009）。第3段階は「相互同意に基づく規範」の段階です。子どもたちは，規則は変更不可能ではなく，一般に同意があれば変更可能であると考えられるようになります（関口，2009）。

二重過程モデル

道徳心理学のスタートは，アメリカ合衆国の心理学者コールバーグ（Lawrence Kohlberg, 1927-1987）です。もちろんそれ以前にも宗教や哲学で道徳が論じられてきましたが，心理学の立場で初めて論じたのがコールバーグです。コールバーグの道徳性発達理論とは，コールバーグが提唱した道徳性の発達に関する理論です。

https://media.gettyimages.com/photos/moral-philosopher-dr-lawrence-kohlberg-at-cambridge-high-school-picture-id53371684?s=612x612

【写真20-2】 コールバーグ（Lawrence Kohlberg, 1927-1987）

コールバーグは，人の道徳性（ある行動をするかどうかの判断）が段階を経て発達すると考え，道徳性が三つのレベルと六つの段階をもつとする理論を提唱しました。なお，コールバーグは心理学者のピアジェ，J. の認知的発達理論の影響を強く受け，その理論にもピアジェの影響が現れています。ピアジェは，子どもの道徳の発達を，認知発達と関連して理論化しました。ピアジェによると，生まれてきたばかりの子どもは善悪の判断が育っていないと考えました。その後，他からの命令，強制によって行動する他律的な道徳観になるとしました。8〜10歳ごろから，自分自身で立てた規範に従って行動自律的な道徳観へと変化すると捉えました。ピアジェは，子供たちの道徳的判断の獲得・発達は認知発達と関連すると考えて理論化したのです。子供が成長する過程で脳の発達や，教育，しつけなどから，少しずつ道徳的な判断を発達させていくと考えたモデルです。

【表20-2】 コールバーグの道徳性発達段階

レベル	段階	定義
慣習以前の習慣	1.罰と服従志向	行為の結果が，人間によってどのような意味や価値をもとうとも，その行為がもたらす物理的結果によって，行為の善悪が決まる
	2.道具主義的相対主義者志向	正しい行為とは，自分自身の必要と，時には他者の必要を満たすことに役立つ行為である。
慣習的水準	3.対人関係の調和「よい子」志向	善い行動とは，人を喜ばせ，人を助け，また人から承認される行動である
	4.「法と秩序」志向	正しい行動とは，自分の義務を果たし，権威を尊重し，既存の社会秩序を，秩序そのものに維持することにある。
慣習以後の水準	5.社会契約的遵法	正しい行為は，一般的な個人の権利や，社会全体によって批判的に吟味され，合意された基準によって規定される傾向がある。
	6.普遍的な倫理的原理志向	正しさは，倫理的包括性，普遍性，一貫性に訴えて自ら選択した倫理的原理に一致する良心によって規定される

コールバーグは，内容によってではなく，道徳判断や道徳的観点の形式によって定義をするとしました（祁, 2012）。P135のハインツの問題はコールバーグの道徳の研究から生まれた質問です。

ピアジェもコールバーグも，道徳判断は，理性の産物であり，経験や学習によって，理性的判断を発展させることができると考えました。

神経科学的な研究の発展：感情の影響

【写真20-3】 Antonio Damacio（1944-）

ドマシオ（Damasio）は，感情が高レベルの認知において重要な役割を果たしていると考え心理学，神経科学と哲学に影響を与えました。

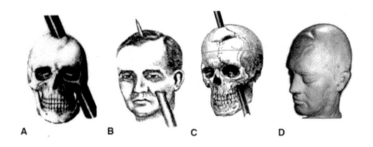

https://www.bitbrain.com/blog/difference-feelings-emotions
【図20-1】 フィニアス・ゲージの脳

フィニアス・ゲージは，1848年に爆発事故の際，鉄の棒が彼の頭を通り抜けました。幸いなことに，彼はその場で救出され，生き残ることができました。しかし，彼は，まったく乱暴な性格になり孤独のうちに死にました。フィニアス・ゲージのケースは，感情と行動が脳の特定の部分に関連していることを示した最初のケースです。

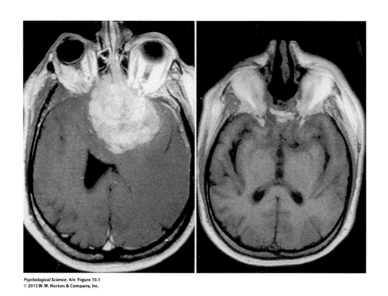

https://slideplayer.com/slide/4200746/

【写真20-4】 エリオットの手術前と後。左の写真が手術前で，大きな腫瘍がある Wall（2013）

　ダマシオは，同じように事故にあい，性格が変わったエリオットの研究をしました。外科医がエリオットの脳から非癌性腫瘍を除去したとき，周囲の前頭葉組織の一部を除去することを避けられませんでした。エリオットの身体的回復は迅速であり，彼は優れた記憶力を備えた合理的で知的で魅力的な男性であり続けましたが，手術後に感情を経験しなくなりました。感情の欠如は，些細なことについてさえ，合理的な決定を下すエリオットの能力を妨害し，社会の一員として機能する彼の能力を奪いました。自分の何かを作りたいという気持ちや願望のない生活を想像してみてください。それはどんな人生でしょうか？　あなたの感情はあなたの考えや行動にどの程度深く影響しますか？　エリオットは，「私は事故の後に私の気持ちが変わったと感じています」と述べています。言い換えれば，エリオットは，かつて彼に強い感情を引き起こしたものは，今では肯定的でも否定的でもなく，彼に何の反応も引き起こさなくなったことに気づきました。さらに，エリオットは「あなたの好きな食べ物，あなたが最も好きな音楽，あなたの好きな映画，これ以上の感情を喚起するものを想像してみてください。あなたは今，あなたが好きなものを楽しむ可能性を永遠に確信していない，と同時に，それがかつてあなたを楽しませていたことを認識しています」と述べています。つまり，エリオットは，知っているが感じなくなったのです。ダマシオはこれらの研究から社会生活における善悪の判断には理性的な思考だけでなく情動の生起が重要であることを主張しました（白井・小川，2020）。つまり，感情が直観的に道徳判断を行っていると提言しました。

　コールバーグ等の教育や経験などで培った理性的思考と，ダマシオ等の感情を重視した研究，両方が道徳判断に影響を与えていることから二重過程プロセスと言われてい

ます。

直観モデル

　ヘイド Haidt（2001）は道徳判断において情動の役割をより重視した新しい理論を提唱し，これを社会的直観モデルとよびました。ヘイドは，ある出来事から喚起される情動を特に直観（intuition）と呼び，これが道徳判断を決定する主な源泉であるとしました。すなわち，熟考することで道徳的な判断を下すという「理性的思考」をベースとした道徳判断はもっともらしく聞こえるが，それは後づけ的な思考であり，熟考する前に決定された自分の道徳判断の結果を正当化する過程であると主張しました（白井・小川，2020）。

モデル・タイプキャスティング

　ここでは，モデル・タイプキャスティングについて，二つの論文から引用します。グレイ＆ウェグナー（2009）は，人々は，害が発生する状況を評価するとき，本能的に二つの役割のいずれかに関係者を配役することを発見しました。つまり，人間の心は自然に二項対立のテンプレートを通して道徳的行為を知覚し，その関係者を「害を加える側」と「害を受ける側」のどちらかであると仮定しています。さらに，一度ターゲットを加害者として設定してしまうと，その後，ターゲットを被害者として捉えることは非常に困難であり，その逆もまた然りです。

　Reynolds, Howard, Sjastad, Okimoto, Baumeister, Aquino, & Kim,（2019）の研究では，この認知テンプレートの適用は性別によって偏っているかもしれないという仮説を検証しました。具体的には，人々はより容易に男性を加害者の役割に，女性を被害者の役割に配置することを予測しました。そうであれば，この傾向は，男性を被害者として認識し，その苦しみに同情的に対応することが困難であることを示唆しているかもしれません。

　この仮説を検証するために，外科医が外科研修生をいじめたなど，職場での被害を伴う状況を参加者に評価してもらいました。私たちは，シナリオの対象者を被害者と加害者のどちらと呼ぶか，あるいはより中立的に「当事者 A または当事者 B」と呼ぶかどうかを操作しました。シナリオではこれについて言及していなかったにもかかわらず，被害を受けたターゲットが男性であったか女性であったかを思い出すように参加者に求めました。異なるシナリオにおいて，人々は圧倒的に被害を受けたターゲットを女性だと思い込んでいることがわかりました。特に，ターゲットを加害者／被害者といった犯罪にかかわる場合にはそうであることがわかりました。この発見は，私たちが被害者の役

割に女性を配置しやすいことを示唆しています。さらに，被害者を女性と仮定した場合，被害者を男性と仮定した場合と比較して，被害者は女性に対してより温かく感じ，より道徳的であると認識していました。

心の認知と道徳性

　道徳心理学について，ピアジェは認知発達理論から，コールバーグは，経験や学習を重視した社会的学習理論，ダマシオは，脳科学から感情を中心とした道徳性を研究しました。このような過去の1278論文を調べ道徳の研究をまとめた人たちがいますので，紹介します。

　道徳の（社会的）心理学に関する実証的研究をレビューして，既存のデータによってどの問題と関係が十分に文書化されているか，そしてどの調査分野がさらなる経験的証拠を必要としているかを特定します。電子文学検索により，1940年から2017年に発行された合計1278の関連する研究記事が得られました。これらは，専門家の内容分析と標準化された計量書誌学的分析にかけられ，研究の質問を分類し，道徳に関する研究を特徴付ける経験的アプローチ（傾向）に関連付けられました。この文献で取り上げられているリサーチクエスチョンを五つの異なるテーマに分類し，これらの各テーマ内の経験的アプローチが心理的前兆と道徳的行動にどのようにつながっているかを検討します。人間の道徳に関連する理論的質問のいくつかの重要な特徴は，実証的研究では体系的に捉えられておらず，さらなる調査が必要であると結論付けています（Ellemers・Toorn・Paunov & Leeuwen, 2019）。

　本章で紹介した道徳心理学は，道徳的判断に関するものです。このほかに，道徳的感情や推論・自己感がありますが，残念ながら，道徳的行動の変容についてはまだ，研究されていないようです。

復習問題	道徳的行動の研究が進んでいないことがわかりました。それでは，雪印メグミルクの事件は，今後も繰り返し起こるのでしょうか？どうしたらよいか考えてみてください。

社会的責任を理解し，行動につなげる　～ CSR グループ活動～

　雪印メグミルクグループでは，企業の社会的責任について理解を深め，行動につなげていく話し合いの場として，CSR グループ活動を実施しています。CSR とは，企業が組織活動を行うにあたって担う社会的責任のことで，社会的責任とは，従業員や消費者，投資者，環境などへの配慮から社会貢献までの幅広い内容に対して適切な意思決定を行う責任のことです。各企業の特徴から担うべき責任，役割，そして影響力は異なるため，各社はそれぞれ課題を見つけ CSR を自ら作り上げていきます。また英語では「corporate social responsibility（企業の社会的責任）」といい，これの頭文字をとって「CSR」と呼ぶのです。職場または事業所を一つのグループとし，CSR リーダーを中心に，統一テーマでの討議や CSR についての情報共有，各社固有の行動基準の再確認を行っています。

【写真 20-5】

従業員アンケートの実施

　雪印メグミルクグループでは，全従業員を対象として，コンプライアンスを中心としたアンケートを実施しています。結果から現状の実態把握を行うと共に，抽出した課題について対応を行います。

　いままでの内容は，雪印事件については，主に雪印メグミルク株式会社のホームページより引用しました。雪印は危機を企業の成長の機会ととらえ，社会の変化に対応していることがわかります。道徳のように理論研究も重要ですが，実践の場において，理論研究を参考に再発防止を図ることが大切だと思います。

　看護学を中心に，ヒヤリ・ハット事例を集めて再発予防と改善対策をとっています。ヒヤリ・ハット事例とは，患者に被害を及ぼすことはなかったが，日常診療の現場で，"ヒヤリ"としたり，"ハッ"としたりした経験を有する事例です。さまざまな職場に普及しています。つまり，「ヒヤリとしたり，ハッとしたりする事例で，重大な災害や事故には至らないものの，直結してもおかしくない事例の認知をいいます。厚生省は，看護以外にもひろげ 397 件の事例を紹介しています（写真 20-6）。この章で紹介した道徳や性等の認知のバイアスについても，ひろがるとよいですね。

【写真20-6】 厚生労働省　職場のあんぜんサイト

　みなさんも企業の道徳的行動についてアイディアを書きましょう。

【引用文献】

Antonio Damasio (1994) O erro de Descartes: Emotion, Reason, and the Human Brain, Putnam Publishing

Gray, K., & Wegner, D. M. (2009). Moral typecasting: divergent perceptions of moral agents and moral patients. Journal of Personality and Social Psychology, 96, 505-520.

厚生労働省（2000）　雪印乳業食中毒事件の原因究明調査結果について－低脂肪乳等による黄色ブドウ球菌エンテロトキシンA型食中毒の原因について－（最終報告）

厚生労働省　職場の安全サイト　ヒヤリハット事例　https://anzeninfo.mhlw.go.jp/hiyari/anrdh00.htm

K. Wall (2013) Psychological Science ©2013 W. W. Norton & Company, Inc.https://slideplayer.com/slide/4200746/

N., Ellemers・J., v., d., Toorn・Y., Pauno・and T,. v., Leeuwen (2019) The Psychology of

Morality: A Reviewand Analysis of Empirical Studies

Published From 1940 Through 2017 Personality and Social Psychology Review　23（4）332–366

野村英樹（2011）プロフェッショナリズムの本質：利他主義と社会契約を理解する　日本内科学会雑誌 第100巻 第4号 1110-1120.

Reynolds, T., Howard, C., Sjastad, H., Okimoto, T., Baumeister, R. F., Aquino, K., & Kim, J. (invited revision). Man up and take it: Gender bias in moral typecasting.　https://malepsychology.org.uk/tag/moral-typecasting/

祁李寧（2012）ホスピタリティに関する測定尺度の作成：コールバーグの理論に基づく　日本国際観光学会論文集 19（0），21-26

関口昌秀（2009）ピアジェは道徳性の発達段階をどのように考えたか？－『子どもの道徳判断』を読む（2）　神奈川大学心理・教育研究論集　28,63-77

白井理沙子・小川洋和（2020）直観的な道徳判断における知覚・認知処理の役割 関西学院大学心理科学研究46 15-22

山岸朋子（995）青年期における道徳判断の発達測定のための質問紙の作成とその検討　心理学研究 51（2），92-95

雪印メグミルクグループ　https://www.meg-snow.com/

Chapter**21**

地域組織での葛藤
（怒り・嫌悪・暴力・残忍性）
とその解決

◎**本時のねらい**

1. 組織における感情を理解する。特に，不快の感情
 （怒り・嫌悪・暴力・残忍等）を理解する。
2. その解決と目標を理解する。

<table>
<tr><td>導入問題</td><td>次の四つの質問に答えてください。</td></tr>
</table>

質問1

組織でのメンバーを相手に不愉快な思いをしたりイライラさせられたり，困ったことがあったか答えてください。「無」か「有」のどちらかに○をつけてください。

質問項目	無	有
1 礼儀作法・言葉遣いに関すること		
2 就業時間に関すること		
3 性格や価値観に関すること		
4 セクハラに関すること		
5 異性問題に関すること		
6 服装や身だしなみに関すること		
7 給与・賃金に関すること		
8 金銭の貸し借りに関すること		
9 飲酒・喫煙に関すること		
10 仕事の成績や進行スピードに関すること		
11 業務の説明の過不足に関すること		
12 昇進や配置に関すること		
13 会社の経営方針に関すること		
14 仕事に対する姿勢や努力に関すること		
15 その他（　　）		

質問2

組織での対人葛藤発生時における解決目標尺度

前問で職場でのメンバーを相手に不愉快な思いをしたりイライラさせられたり，困ったことがあった場合を想起して，考えた対応目標を記入してください。相手とは同僚を指します。

全く望まない1点，あまり望まない2点，どちらとも言えない3点，まあまあ望んだ4点，強く望んだ5点

点　　数	1	2	3	4	5
個人目標					
自分のプライシーが侵害されないようにする					
自分が経済的に損にならないようにする					

点　数	1	2	3	4	5
自分の人生に支障が出ないようにする					
自分の仕事上の自由が保てるようにする					
個人としてのプライドが保てるようにする					
自分のやりたいことが効率よくいくようにする					
給料に少しでもプラスになるようにする					
職場における自分の存在意識が確立できるようにする					
相手に有利になるような基準が設定されるようにする					
その相手と今後なるべく付き合わないようにする					
社会的に恥ずかしくないようにする					
統制目標					
相手の否定的な情報を流すことによって，相手の評判を落とすようにする					
社内のスペシャリストを利用することにより，自分の考えが正しいことを示そうとする					
プライベートな飲み会や食事会を利用して自分の支持者を増やすようにする					
問題の生じた相手に個人的に仕返しをする					
会議などの場を利用して自分の賛同者を増やすようにする					
自分の意見に反対する人間を減らそうとする					
外部の人や事例を利用することにより，自分の考えを認めさせようとする					
組織目標					
職場の中で，それぞれが自分の考えを主張できるようにする					
職場のメンバーがお互いに自分達の考えを伝えやすいようにする					
職場の効率性を重視した結果になるようにする					
職場における妥当な解決策になるようにする					
職場の運営の妨げにならないようにする					
職場の部や課のメンバーから信用されるようにする					
関係目標					
問題の相手との関係が良好になるようにする					
問題相手との仲が悪くならないようにする					
問題の相手に個人としての自分を認められるようにする					
職場のメンバーがギクシャクしないようにする					
相手にないがしろにされないようにする					

グループ毎の平均を出してください

個人目標 （　　　）	統制目標 （　　　）	組織目標 （　　　）	関係目標 （　　　）

質問3

組織での対人葛藤発生時における解決方略

前問で職場でのメンバーを相手に不愉快な思いをしたりイライラさせられたり，困ったことがあった場合を想起して解決のための方略として，どれだけ強く試みたか答えてください。

全く実行しなかった1点，あまり実行しなかった2点，どちらともいえない3点，まあまあ実行した4点，強く実行した5点

点　　数	1	2	3	4	5
統合方略					
一番良い方法で問題を解決で解決できるように，お互いの考えていることをすべて出し合う					
問題を正しく理解するために相手と協力する					
お互いにとって納得のいく結論となるように，相手と協力する					
一緒に問題を解決するために，互いの意図を正確に伝えあう					
相手と協力し，両方の期待をみたすような解決策を見いだそうとする					
両方が受け入れられるような解決策を見いだすために，問題を吟味する 相互の妥協にいたるようにする					
袋小路を抜け出すために，折衷案を見いだそうとする					
相手と会うことを避ける					
相手の提案を受け入れようとする					
「ギブアンドテイク」という形で妥協する					
行き詰まり状態を打破するために，間を取ることを提案する					
消極的方略					
相手との食い違いには目をつぶろうとする					
自分が相手に譲歩する					
こちらが折れて相手の気に入るようにする					
相手の要求を満たすようにする					
相手の期待どおりにする					

点　　数	1	2	3	4	5
その場での対立を避け，相手との行き違いを自分の中に収めておくようにする					
相手との不愉快なやり取りは避けようとする					
相手と自分との違いを表だって議論するのを避ける					
第三者介入方略					
正しい結果になるように，第三者に介入してもらう					
第三者に最終案を出してもらう					
客観的な判断ができるように，他の人にも加わってもらう					
感情の対立を避けるために，周りにいる人に仲介してもらう					
現状を打破するために，他の人に議論に加わってもらう					
支配方略					
自分の立場を強く主張する					
勝つか負けるかのような状況では，自分が勝つように強く出る					
自分の気に入るような結論になるように強制的にもっていく					
自分の気に入るような結論になるように，自分に都合の良い理由をあげる					
自分の考えを受け入れさせるようにする					

グループ毎の平均を出してください

統合方略 （　　　）	消極的方略 （　　　）	第三者介入方略 （　　　）	支配方略 （　　　）

質問4

　前述した事例で，あなたが想定した方略で，あなたは満足しましたか（以下満足性）。当てはまるものにチェックしてください。

　　　全く満足していない　1　　　　　あまり満足していない　2
　　　やや満足している　　3　　　　　非常に満足している　　4

　その場合相手との関係はどうなりましたか（以下良好性）。想像して当てはまるものにチェックしてください。

　　　悪化した　　1　　　　　変わらない　2
　　　良くなった　3

151

地域や組織における人間関係の特徴

　地域や職場では，多くの人が関わりながら仕事をしています。地域や職場の人間関係は，家族や友達との関係と異なります。ここでは職場の人間関係の特徴を考えてみたいと思います。

　職場全体の目的は，短期間でより大きな成果をあげることが常に求められています。それを他の人とチームを組んで行うのが職場です。時には分業で行うこともあるでしょう。社会的あるいは個別的に，ある仕事や労働を分割して専門化し，それぞれの部門や行程を分担して行い目的を達するのです。稲富（2007）は，分業には水平的関係と垂直的関係があると述べています。限られたメンバーで，ムダなくモレなく仕事をしていくために，仕事を区分し，それぞれの仕事に責任をもつ担当者を決めて，ヨコ（水平）方向の分業を行うのです。ヨコ（水平）方向の分業によって，各担当は自分たちの仕事に集中し，効率的に目標達成が図れるようになります。ヨコ（水平）方向の分業のマイナス面として，担当する仕事ごとに仕事の進め方や考え方が違ってくることがあり，利害が対立したり，見解の相違が生じたりしやすくなります。垂直的関係とは，上下関係（権力構造）によって「命令する」「命令を受ける」といった分業を生み出し，その人間関係を言います（稲富, 2007）。別の表現をすれば，リーダーシップにより，意見を統一して，対立を解消しやすくします。しかし，目標が不明確だったりすると組織は機能しません。
　森田（2015）は，コラボレーションやイノベーションは，水平的関係によって感情や評価という主観的情報が共有されなければ活性化せず，組織をまたいでいろんな人たちと仕事をしていく上でも，オープンな水平的関係が欠かせないと述べています。垂直的関係の長所もあります。従業員にとって，良好な関係が維持された場合，キャリア発達に対し，大きな貢献となるといわれています（若林・南・佐野, 1980）。

　それでは，日本の組織はどのようになっているのでしょうか？　トリスディン（1995）は，水平的関係と垂直的関係に加え，個人主義と集団主義を加味して日米の会社を比較

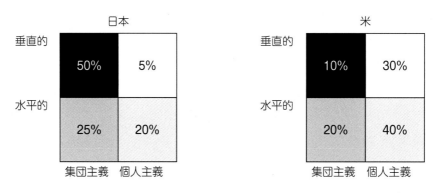

【図21-1】　日米の組織

しています（図 21-1）。自己に関する定義によって，個人主義と集団主義の違いがでてきます。集団主義では相互依存性か，個人主義では独立性を示しています。

職場における対人葛藤

　複数の人が組織で働く場合，どうしても困難さや葛藤が生じます。場合によっては，それが怒りや嫌悪感になり，さらに暴力へと発展する場合があります。現実場面では，そうならないために説得したり同情を買う発言をしたりします。このような葛藤を解決するための行動を「葛藤方略」と言います。

　Thomas は，40 年以上にわたって紛争解決評価のリーダーでした。彼は，人事（HR）および組織開発（OD）コンサルタントは，困難な問題についての議論を開始し，紛争処理モードが個人，グループ，および組織のダイナミクスにどのように影響するかについての学習を促進するための研究をしています。個人の行動を二つの側面に沿って説明できます。(1) 自己主張（人が自分の懸念を満たそうとする程度）と (2) 協調性（人が他者を満たそうとする程度）概念です。K., W. Thomas　R., H. Kilmann (2015) の研究より引用して説明します。

　人間の行動のこれら二つの基本的な側面（主張性と協調性）を使用して，対立状況に対応するための五つの異なるモードを定義できます。

【図 21-2】　Thomas による問題解決方略

1 競合 (competitive)

　競合は断定的で非協力的です。個人は他の人の費用で自分の懸念を追求します。これは，自分の立場を勝ち取るために適切と思われるあらゆる力を使用する力指向のモードです。つまり，主張する能力，ランク，または経済制裁です。競合とは，「あなたの権利のために立ち上がる」，あなたが正しいと信じる立場を擁護する，または単に勝とうとすることを意味します。

2 譲歩（accommodative）

　譲歩は unassertive と協力競合の完全な反対です。譲歩するとき，個人は他の人の懸念を満たすために自分の懸念を無視します。このモードには自己犠牲の要素があります。適応することは，無私の寛大さや慈善の形をとるか，あなたが望まないときに他の人の命令に従うか，または他の人の視点に屈することかもしれません。

3 回避（avoidant）

　回避することは主張的でなく，協力的でもありません。その人は自分自身の懸念も他の個人の懸念も追求しません。したがって，彼は紛争に対処しません。回避することは，問題を外交的に回避する，より良い時期まで問題を延期する，または単に脅迫的な状況から撤退するという形をとることがあります。

4 協働（collaborative）

　協働は断定的かつ協力的であり，回避することとは正反対です。共同作業には，他の人と協力して，彼らの懸念を完全に満たす解決策を見つける試みが含まれます。それは，問題を掘り下げて，2 人の個人の根本的なニーズとウォンツを特定することを意味します。二人の間で協力することは，お互いの洞察から学ぶために不一致を探求するか，対人関係の問題に対する創造的な解決策を見つけようとする形をとることがあります。

5 妥協（sharing）

　妥協は，自己主張も協調性も中程度です。目的は，両方の当事者を部分的に満足させ，適切で相互に受け入れ可能な解決策を見つけることです。それは，競争と適応の中間に位置します。妥協することは，競争すること以上のことをあきらめます。同様に，回避するよりも直接的に問題に対処しますが，共同作業ほど深くは調査しません。状況によっては，妥協するということは，二つの立場の違いを分割したり，譲歩を交換したり，迅速な中間的な解決策を模索したりすることを意味する場合があります。

　私たち一人一人は，五つの紛争処理モードすべてを使用することができます。私たちの誰もが，紛争に対処する単一のスタイルを持っていると特徴づけることはできません。しかし，特定の人々は他のモードよりもいくつかのモードをよりよく使用するため，気質や練習のために，他のモードよりもそれらのモードに大きく依存する傾向があります。

　あなたは，どの葛藤解決方略を用いますか？

日本の対人葛藤方略の研究

　大西は（2002），企業に勤務する人がどのように，対人関係葛藤解決の目標をおいているか分類しました。さらに，目標に応じて方略をたてているか検討しました。調査対象者は，アルバイトやパートを除く 419 人で，平均年齢 31.5 歳，男性 215 人，女性 191 人，

不明13人でした。

　まず，職場で発生する問題の有無を選んでもらいました（表21-1）。皆さんには導入問題でやっていただきました。

【表21-1】

質問項目	「有」と答えた人	％	人数
1　礼儀作法・言葉遣いに関すること		48	67
2　就業時間に関すること		26	22
3　性格や価値観に関すること		44	55
4　セクハラに関すること		12	16
5　異性問題に関すること		9	4
6　服装や身だしなみに関すること		14	7
7　給与・賃金に関すること		18	12
8　金銭の貸し借りに関すること		3	0
9　飲酒・喫煙に関すること		20	0
10　仕事の成績や進行スピードに関すること		32	39
11　業務の説明の過不足に関すること		41	53
12　昇進や配置に関すること		19	19
13　会社の経営方針に関すること		17	15
14　仕事に対する姿勢や努力に関すること		45	71
15　その他（　　）		4	13

419

　さらに，職場での対人葛藤が起きた場合の解決目標のアンケートを実施しました。その調査結果の平均値は表21-2の（）です。対象者は前述と同じです。

【表21-2】　職場での対人葛藤発生時における解決目標の平均値と質問内容の一部

因子	個人目標 (3.06)	統制目標 (2.10)	組織目標 (3.66)	関係目標 (3.06)
具体的質問内容の一部	自分のプライシーが侵害されないようにする。自分が経済的に損にならないようにする等	問題の生じた相手に個人的に仕返しをする。会議などの場を利用して自分の賛同者を増やすようにする等	職場の効率性を重視した結果になるようにする。職場における妥当な解決策になるようにする等	問題の相手との関係が良好になるようにする。**問題相手との仲が悪くならないようにする**等

　職場での対人葛藤が起きた場合の解決方略のアンケートを実施しました。その調査結

果の平均値は表21-3の（ ）です。対象者は前述と同じです。

【表21-3】 職場での対人葛藤発生時における解決方略の平均値と質問内容の一部

因子	統合方略 (2.58)	消極的方略 (2.69)	第三者介入方略 (2.33)	支配攻略 (2.39)
具体的質問内容の一部	袋小路を抜け出すために，折衷案を見いだそうとする。一緒に問題を解決するために，互いの意図を正確に伝えあう等	相手との食い違いには目をつぶろうとする。相手の期待どおりにする等	正しい結果になるように，第三者に介入してもらう。第三者に最終案を出してもらう等	自分の立場を強く主張する。自分の考えを受け入れさせるようにする等

　では，その対人葛藤方略の解答者の満足（以下満足性）と相手との関係（以下良好性）はどうでしょうか。表21-4は，それぞれの相関関係をみました。袋小路を抜け出すために，折衷案を見いだそうとする，一緒に問題を解決するために，互いの意図を正確に伝えあう等の総合方略が，相手も解答者も満足していることが理解できます。

【表21-4】

	満足性	良好性
統合方略	.173**	.357***
消極的方略	-.063	-.021
第三者介入方略	.053	-.085
支配方略	.065	-.101

$**p<.01,***p<.001$

　大西（2004）は新車販売店の管理職と販売員を対象に対人葛藤が生じた場合どのように方略するかの調査をしました。管理職は10名（年齢41〜58歳：平均=48.3），販売員は54名（年齢23〜55歳：平均=34.0）でした。主に三つの段階から構成されています。1 葛藤の内容は仕事に関することで，直属の上司または部下との意見や考え方の相違を知覚した経験を一つまたは二つ尋ねました。具体例として，仕事に対する努力や姿勢，仕事を推進する方法や手段，状況に応じた仕事の進捗状況などを提示しました。また，相違を感じたが，何も行動をとらなかった経験でも構わないむねを伝えました。そして，その対人葛藤は"いつ""どこで""いかなる原因"で生じたのかについて具体的に質問しました。(2) 使用方略について，その対人葛藤時に具体的に"どのように行動したか"を回答するように求めました。(3) 重要度について，一連の出来事に対して"当事者にとってどの程度重要であったか"を尋ねました。その際に，対立者が重要視しているかどうかは関係ない旨を伝えました。その結果，重要でない内容の対人葛藤に対しては，管理

職は統合方略（袋小路を抜け出すために，折衷案を見いだそうとする。一緒に問題を解決するために，互いの意図を正確に伝えあう等）が多くなることがわかりました。さらに，販売員は，消極的方略（相手との食い違いには目をつぶろうとする。相手の期待どおりにする等）の使用が多くなることがわかりました。同様に重要な内容の対人葛藤では，管理職は支配方略（自分の立場を強く主張する。自分の考えを受け入れさせるようにする等）の使用が比較的多くなりました。販売員は第三者介入方略（正しい結果になるように，第三者に介入してもらう。第三者に最終案を出してもらう等）の使用が比較的多くなりました（図 21-3）。

課題重要度		
高い	**第三者介入方略**（正しい結果になるように，第三者に介入してもらう。第三者に最終案を出してもらう等）	**支配方略**（自分の立場を強く主張する。自分の考えを受け入れさせるようにする等）
	消極的方略（相手との食い違いには目をつぶろうとする。相手の期待どおりにする等）	**統合方略**（袋小路を抜け出すために，折衷案を見いだそうとする。一緒に問題を解決するために，互いの意図を正確に伝えあう等）
低い		

弱　　　　　　　　　組織内統制力　　　　　　　　　強

【図 21-3】

　さらに，明らかになったことは，販売員は問題の重要度に関わらず基本的には消極的方略を使用しており，やむをえない場合にのみ第三者介入方略を使用していることがわかりました。例えば，その場はやむなく受け入れたが，会議などで改めて試みるとかしているのでしょう。管理職は，支配方略が高く，第三者介入方略と消極的方略が低いことがわかりました。

対人葛藤と解決のためのスキル

　大沢（2010）は，職場において，自分より目上の相手に対人葛藤を抱いた際，実践が難しいとされる自分の意見を表明する方略を用いて葛藤を解決した当事者のインタビューをもとに，アサーションに関わるプロセスを質的に分析しました。「アサーション」（assertion）とは，より良い人間関係を構築するためのコミュニケーションスキルの一つで，「人は誰でも自分の意見や要求を表明する権利がある」との立場に基づく適切な自己主張のことです。事例では，葛藤の生起要因が業務体制や風土の問題であっても，これらの問題が自己利益に関わる場合，意見内容の正当性に確信がもてれば，上司に自分の意見を言う決断をしていました。また，組織内の立場関係や相手の性格などの不安要素

は，意見を言う決断には影響せず，どの方略を用いるかという選択に関わることが明らかにされた。また，相互行為の中で新たに葛藤が生じた場合は，瞬時に解決したい課題を転換し，相手の様子を見ながら方略を選択し，修正を行うことが明らかとなりました。

アサーションスキル等さまざまなコミュニケーションスキルが開発されています。演習も含めて学んでいきましょう。

復習問題	① 次の事例を読んで，下記の図を参考に職場の雰囲気を想像してください。

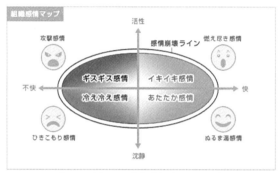

https://www.j-feel.jp/concept/

「組織感情」

復習問題	② また，あなただったらどのように改善するかあげてください。

事例（厚生労働省　職場の安全サイト　ヒヤリハット事例）

ラーメン店の圧力釜でスープの仕込中，蓋をゆるめたときに蒸気が噴出し熱傷で死亡

この災害は，ラーメン店の厨房で発生したものである。

勤務体制

この店は，毎年12月31日と1月1日以外は無休で営業されている。勤務体系は早番が午前10時～午後5時，遅番が午後5時～閉店の午前3時の2交代制である。正社員は早番の店長と遅番の1名だけで，他は主婦あるいは学生パート（各番3名）であった。

発生状況

このラーメン店は，フランチャイズ契約で営業しているが，本部のスープを使用せず

に自分の店で毎日スープを作っており，被災者は午前10時に出勤しスープの仕込みを開始した。

スープの仕込みは次のような手順で行われていた。

(1)　圧力釜を洗い，鶏ガラなどでスープを作り始める。アクを取り，火を止める。にんじん，玉ねぎ，ショウガ等の野菜を入れ，釜にパッキンをはめて蓋を閉め，8箇所の留め具を専用の金属棒で締める。

(2)　圧力釜が沸騰して蓋についている蒸気抜き管から蒸気が出てきたら，同管のコックを閉める。

(3)　強火で50分程度煮る。火を止めて30分間そのままにしておき，その後，蒸気抜き管のコックを開いて中の蒸気を抜く。

(4)　その後は釜の下部にあるスープ取り出し口から必要に応じてスープをバケツ等に入れる。

この手順で仕込みを進め，(3)の強火で煮込む工程になったときに，圧力釜で「ジュッ，ジュッ」という音がして蓋と本体とのパッキンの隙間から蒸気が漏れているのを近くにいた被災者達が発見した。

そこで，店長が，「火を止めて」と叫びながら自分で火を止めた。店長は「あとでパッキンを交換する」と言って別の場所で麺を茹でる作業を開始した。その直後，圧力釜のほうで悲鳴がしたので行ってみると，周辺に蒸気が立ち込め，被災者が床にうずくまっていた。被災者は蒸気抜き管を開いて蒸気を抜いたが，完全には釜の圧力が低くなってなかった。蓋をゆるめたときに大量の蒸気が噴出し，重度の熱傷となった（救急車で被災者を病院に移送したが，全身熱傷で15日後に死亡した）。

圧力釜のパッキンの交換は原則としてメーカーが行うことになっていたが，店長が予備のものを自分で取り換えていた。

【引用文献】

H., C Triandis (1995) Individualism And Collectivism (New Directions in Social Psychology) Westview Press

稲盛健　(2007) 職部の人間関係の特徴　山口裕幸・金井篤子編「産業・組織心理学」ミネルヴァ書房

厚生労働省　職場の安全サイト　ヒヤリハット事例　https://anzeninfo.mhlw.go.jp/hiyari/anrdh00.htm

森田正隆 (2015) 新しいコミュニケーションで仕事が変わる？　～新しいコミュニケーションが社会を変える？ https://www.mirasapo.jp/column/00043/20150713_54755.html

大沢裕子 (2010) 職場における対人葛藤と解決方略としてのアサーション：上司に意見を述べる場面の事例からヒューマンコミュニケーション基礎110 (185), 19-24

大西勝二（2002）職場での対人葛藤発生時における解決目標と方略　産業・組織心理学研究16（1），
　23-33

大西勝二（2004）職場で発生する対人葛藤時に使用する方略に関する研究-統制力と課題の重要性
　の及ぼす影響　経営行動科学17，77-88

K., W. Thomas　R., H. Kilmann (2015) The Joy of Having Created the TKI Assessment!　https://
　kilmanndiagnostics.com/overview-thomas-kilmann-conflict-mode-instrument-tki/

若林満・南隆男・佐野勝男（1980）わが国産業組織における大卒新入社員のキャリア発達過程：そ
　の経時的分析　慶応義塾大学産業研究所社会心理学研究班モノグラフ

Chapter 22

共感と利他

◎**本時のねらい**
1. 共感・利他，共感―利他モデルについて理解する
2. 共感とポジティブ心理学について理解する
3. 地域・組織における共感の限界を知る

導入問題	① あなたは教育相談担当教師です。事例に続けて保護者への対応をしてください。 ② 教育相談担当教師・校長・担任の役割を明らかにして下さい。

事例

1. 対象生徒：高校3年生（A子），腎臓病有り。

2. 家族構成：母（40代・スナックを一人で経営），
   長男（20代），長女（20代），A子。A子が小さいころに両親が離婚している。

3. 担任：40代男性。教育相談担当教師は「A子は母親の異性関係に悩んでいる」と，
   A子の母親への嫌悪感情を交えて担任から報告を受ける。A子の卒業を控え，担任
   も自分勝手な母親に怒りの感情をもつ。担任は，A子をなんとか学校にもどしたい
   と思っている。

4. 母親の様子　気が強そうで，派手な服装。母親は，A子と話ができないでいる。

5. 面接の経緯　5月，中間考査無断欠席。授業も欠席時間が多いため，学校側が母親
   に来校の依頼をした。担任の案内で母親は校長室で，管理職（校長・教務主任・教頭）
   から，このまま欠席が続くと進学が困難であることの説明を受ける。その後，担任が
   母親を相談室に連れて行き，1回目の面接となった。

1回目5月，保護者面接（担任・教育相談担当教師の3者）

担任「中間テストを受けなかったことは，勉強をがんばれば取り返しがつきますが，欠
　　席が多いと手を打つことができず留年になる。できるだけ休まないように」

母　「テストを受けなかったことは注意しました。でも，A子は私の話を全然聞きませ
　　ん。腎臓が悪いのに，飲酒をし夜遊びをしています。娘のことはどうしようもない。
　　なにか言いたいことがあるんですか」

教育相談担当教師「…………」

事例のその後

教育相談担当教師「A子さんは，先日クラスの生徒が置いて忘れていたゴミを，気がつかないうちに片付けてくれました。今どきめずらしい正義感のある娘さんですね」（学校でのよいところを話す）母「娘は良い悪いがはっきりしていて，非常に潔癖なところがあります。私の異性関係のことで，娘は私を恨んでいます」（母親はA子の問題行動の中核と思われる葛藤を話す）教育相談担当教師「40代の女性の気持ちもわかります。しかし，A子さんはまだお母さんの女の面を見ることができないのですね」（母親の気持ちを受容する）

母「難しい年頃ですので仕方がないのですが，毎日けんかです。A子が小さい頃に夫と離婚しました。夫婦でよくケンカしました。長男長女は別れた方がよいと言ってくれました。A子はまだ小さくていきさつを知りません。A子は父親のことをよく聞きます。父親に会いたがっているかもしれません。A子は父親的な人にあこがれているようです。校門指導で年配男性教師M先生に注意を受けなかったりすると，『見捨てられたかな』と言います」（母親は，A子の父親へのあこがれを推測する）

教育相談担当教師「A子とお父さんが会うことはまずいですか」（A子の問題行動の中核となっている葛藤を解決するための提案をする）

母「いいえ，私はかまいません」

教育相談担当教師「A子はお母さんに遠慮しているかもしれません」

母「A子は兄姉のなかでとても不幸だと思っています。自分だけが父親を知らないから。もっとかわいがられていいのにと思っています。長女はモデルの仕事をしています。A子はひがんでいます。どうしようもなくて娘を捨てようと思ったことも何回もあります」

教育相談担当教師「女手ひとつで頑張ってこられたんですね」（労をねぎらう）

2回目11月，3回目1月，A子と父親との交流が始まる。出席状況は改善されない。

4回目3月，正式に退学届を提出する。2者面接（教育相談担当教師と母親）

　母親は，A子が父親に同居を申し出たが断られたこと，腎臓病のA子が自分自身の体を気遣い，夜遊びや飲酒もしないようになったこと，昼ごはんを母子で一緒に食べること，A子が自分の職場でかわいがられていることなどを説明した。そして，「これからは何年かかってもいいから子供中心の生活をしようと決意しました」と述べた（石川，1999）。

　共感とは，他者が抱いている感情を感じ取り，同じような感情を自分も体験することです。本来は自分のものではない，他人の感情によって生じる代理的な感情体験を共感と言います（サイコタム，2020）。また，利他とは，他人に利益を与えること。自分の事よりも他人の幸福を願うことです。本章では，ポジティブ心理学と共感，そして利他性モデルを説明します。

https://www.in-mind.org/users/dan-batson

【写真22-1】 Batson, C.D. (1943-)

　C. ダニエル・バトソン (1991) は，人々は他人の幸福への関心から，困っている人を助けると考えています。「共感 - 利他性モデルは，援助行動は他者の利益のことを考えた純粋な愛他的動機に基づく」という仮説です。その対立的な仮説は，「共感 - 利己性モデルで，援助行動は報酬などを日的とした利己的動機に基づく」という考え方です。

　支援の重要な要素は「共感的な懸念」です。彼の「共感 - 利他性モデル」によれば，誰かが他人に共感した場合，彼らはそれから何を得ることができるかに関係なく，彼らを助けます。共感 - 利他性モデルに存在する仮説は「共感 - 喜び」です，他の人が安堵を経験するのを見ることに喜びを感じるため，その人が助けると述べています (2008)。彼らが共感しないとき，社会的交換理論が支配します。社会的交換理論は，援助者への便益がコストを上回る場合を除き，その利他主義が存在すると述べています。社会的交換論とは，「交換」という観点から社会のあり方を解きほぐそうとする試みです。

ポジティブ心理学と共感

https://www.authentichappiness.sas.upenn.edu/ja/
faculty-profile/profile-dr-martin-seligman

【写真22-2】 Martin Seligman (1942)

　セリグマン (1967) は, 電気ショックを用いた実験で, 犬 A は, 板を押せば電気ショックを止めることができます。犬 B は, どんな行動をしても, 電気ショックを止めることができません。犬 C は, 電気ショックはありません。犬 B はどうなったとおもいますか？

【図 22-1】
一定の条件下での電気ショックを利用した学習性無力感の実験 (マーティン・セリグマン)

　犬 B は, 他の犬より, 無気力になり寿命が短くなりました。これが学習性無力感 (マーティン・セリグマン, 1967) です。学習性無力感とは, 抵抗も回避もできないストレスに長期間さらされると, 不安な状況から逃れようという行動が行われなくなる状態になることです。セリグマンは, これらの実験結果や娘の事故を機にネガティブさよりもポジティブさに関心を向けることが幸福のカギだとみなすようになり, ポジティブ心理学を創設しました。

　ポジティブ心理学のホームページより紹介します。

　ポジティブ心理学とは, 私たち一人ひとりの人生や, 私たちの属する組織や社会のあり方が, 本来あるべき正しい方向に向かう状態に注目し, そのような状態を構成する諸要素について科学的に検証・実証を試みる心理学の一領域である, と定義されます。「よい生き方とはどのような生き方か？」「人が充実した活動を行なうことのできる組織や社会の条件とは？」といったテーマは, ポジティブ心理学が創設される以前より長らく探究の対象とされてきたテーマでした。ポジティブ心理学ではそうしたテーマに対して, ポジティブ心理学独自のフレームワークから改めて光を当てるのと同時に, 先行の諸学問分野による多角的研究と有機的に結びつきながら, 研究課題としてさらに考察を深めていくことにその醍醐味があるとも言えます。

　そのため, 「ポジティブ心理学」という名称は, 必ずしも一心理学分野への言及に限定されるものではなく, 本質的に諸学問領域による学際的アプローチを視野に入れての

「包括的用語」(umbrella term) として捉えられています。社会科学 (経済学，経営学，社会学など) や自然科学 (生物学，脳神経科学など) によるアプローチ，さらには本来の帰納的アプローチにとどまらないところで人文学 (文学，芸術学など) によるアプローチも試験的に始まっています。

　心理学の分野としては，臨床心理学や社会心理学による研究が主流ですが，道徳心理学の考察方法が根底にあることもポジティブ心理学について議論する上では重要な要素の一つとなっています。倫理学 (virtue ethics) を問題とするポジティブ心理学においては，「よい生き方」とは「良い生き方」であり，また「善い生き方」でもあります。

　どの分野でも同様のことが当てはまるかもしれませんが，ポジティブ心理学はポジティブ心理学独自のコンテクストで考えることが大切です。一例として，「ポジティブ」という言葉ですが，一般的用例とは区別したところで，あくまでもポジティブ心理学における用例に則って検討していかなければ議論は成り立ちません。また，楽観性や希望，セルフ・コントロールの問題など，ポジティブ心理学の諸理論についてはその多くが臨床実践の現場で適用されることで具体性を持つため，応用事例という視点から議論・検討することがポジティブ心理学を正しく理解するためには有用かもしれません。

　このように，ポジティブ心理学において，他と共感的にかかわることは，葛藤の整理のためにも，より前向きにさせるために必要であると思います。

利他性モデル

　人は自己の利益だけでは，結果を得られず，他者の利益に対しても何らかの配慮を行い，自己の効用に影響していることが明らかになっています。そのような行動をもたらす選好を「他者に配慮する選好 (other-regarding preference)」と呼びます。本節では，他者に配慮する選考モデルの一つである利他性モデルを紹介します。利他性モデルとは自分自身の物的利得のみならず他者の利得も変数として好みに応じて選ぶという性質です。

　次のような「公共財ゲーム」の実験があります。なお，実際には，この場合には，「他者」とはどこの範囲の人が含まれるのかという課題があります。

　この実験においては，すべての実験参加者 (プレーヤー) が資金の拠出をすれば全体の利益は最大になるが，利益はグループ全体に分散されるというルールです。そのため，個々のプレーヤーにとって合理的な選択は「拠出しない」という行動となります。ここでは，飯田論文より紹介します。

　たとえば，4人のプレーヤーからなるグループを作り，実験者は最初にプレーヤー1人につき 1000 円の元手を渡しておくとします。各プレーヤーは，1000 円のうちいくらをグループ全体のために拠出するかを決めます。実験者は，集まった拠出額の合計を3

倍にしてグループに返還します。そして，返還された金額を均等割りした額が各プレー
ヤーの利得となります。仮に全員が 1000 円全額を拠出したとすると，4 人から集まった
4000 円が 12000 円に増えるので，最終的には全員が 3000 円ずつもらえます。このとき，
全員が得る額の合計は最大となります。

　ここで，4 人のうちの 1 人が拠出額をゼロにしたとしましょう。この場合は集まった
3000 円が 9000 円になり，1 人あたり 2250 円が返還されます。拠出しなかったプレーヤー
の最終的な取り分は，手元に残っている 1000 円と合わせて 3250 円となります。この例
からわかるとおり，各プレーヤーは資金を拠出しないインセンティブをもつはずです。
しかし，公共財ゲームの実験によれば，プレーヤーの行動にはかなりのばらつきがあり，
元手の 40 ～ 60 パーセントを拠出するという行動が多いようです（Ostrom 2000: 140）。
まったく拠出しないという人もいるが，決して多数派ではありません。（飯田，2016）

協力規範が維持されるための利他性とボランティア

　このような人の利他性をあらわすことは，現実場面では，よくあることです。たとえ
ば，感染症に伴って，多くの人が行動変容を起こしています。それは，高齢者ばかりでな
く，若者もです。神戸の震災の年は，日本のボランティア元年とされています。そして，
東北の震災等にもボランティア活動が広がりました。いろいろな他者に配慮する選好に
関して現在までに考えられているモデルが研究されています。

共感 ─ 利他性モデル，共感性の限界

　2007 年，バトソンは，シカゴ大学の神経科学者ディセティと共同で，共感と個人的な
苦痛の脳を調査するために研究を行いました。被験者は脳をスキャンされている間，痛
みを伴う治療を受けている患者の一連のビデオクリップを見ました。被験者は，患者の
気持ちを想像する（「他の人を想像する」）か，自分が患者の状況にあると想像する（「自
分を想像する」）ように求められました。データは，自分自身の嫌悪的な状況を想像す
ることは，より高い個人的な苦痛につながることを確認しました。そして，他人の窮状の
行動反応は，より大きな共感的な懸念とより少ない個人的な苦痛をもたらしました。し
たがって，痛みを伴う危険な状況で自分を想像することは，同じ状況で他の誰かを想像
するよりも強く恐ろしいまたは嫌悪的な反応を引き起こした可能性があります。つま
り，他人の痛みに対する人間の反応は，助けを必要としている観察が共感的をもたらす
認知および動機付けに影響を与えているということが明らかになりました。

　また，別の研究を紹介します。共感性と利他性の関係を Batson ら（1982）の研究より
明らかにします。他の人を助ける行動が自己または他の利益によって動機付けられてい

るかどうかをめぐる議論は，過去20年間にわたって激しさを増してきました。この議論の主役は，共感-利他主義を主張するバトソンと，利己主義を主張するチャルディーニです。しかし，バトソンは，人が利己的な理由で助けられることがあることを認識していました。彼と彼のチームは，動機を区別する方法を見つけることに興味を持っていました。ある実験では，学生にラジオ番組のテープを聴かせました。その中には，キャロルという女性のインタビューがあり，彼女は交通事故で両足を骨折したこと，苦労していること，クラスでどれだけ遅れをとっているかなどを話していました。この特定のインタビューを聞いていた学生には，講義ノートを共有して彼女と会ってほしいという手紙が渡されました。実験者は，あるグループには彼女の気持ちに焦点を当てるように指示し（共感度が高い），他のグループにはそれを気にしないように指示し（共感度が低い），共感度のレベルを変えました。また，実験者は助けないことのコストを変化させました。高コストのグループは，キャロルが学校に戻ってから彼らのクラスになると言われ，低コストのグループは，彼女が自宅で授業を終えると信じていました。結果は，共感性の高いグループはどちらの状況でもキャロルを助ける可能性がほぼ同等であり，共感性の低いグループは利己的な理由で助けました。共感度の高いグループは，どちらの状況でも彼女を助ける可能性がほぼ等しく，共感度の低いグループは自己利益のために助けました。

このように，共感だけでは，すべての人々の行動を変化させることができません。共感の限界を踏まえて対応することが必要でしょう。また，何となく成果を期待して振り回されないようにすることも大切ですね。

いろいろな感情が，意思決定に対して大きな影響を持つことが明らかされてきました。みなさんも先行研究をしらべてください。

	共感の演習
復習問題	① 二人一組になって，相談する人と，聞く人になってください。 　相談する人は，最近のできごとで嫌なこと・悩みを話してください。無ければ，次の仮課題を想定してください。 　アルバイトをしているが，周りの方から『それはあなた自身が弱いから』『もっと強くならないと現代社会では生きていけない』などと否定されました。 　聞く人は，絶対に守秘義務（他にしゃべらない）を守って，無条件の肯定的関心，共感的理解，自己一致の態度をとってください。 　それぞれ感想を書きましょう。 ② 目をとじて，「あなたの人生を良い方向に変えた非常に重要なことをしてくれたにもかかわらずこれまでにちゃんと感謝を伝えられなかった誰かを思い浮かべてください。今も生きている人に限ります。」 　目をあけて，500字程度の感謝の手紙を書いてください。 　なにも言わずにその方と会う約束をして，感謝の手紙を読んでください。

【引用文献】

C. Daniel Batson　Nettle, D., & Roberts, G. (2006). Cues of being watched enhance cooperation in a real world setting. Biology Letters, 2, 412 414.

C. Daniel Batson &Laura L. Shaw (1991) Evidence for Altruism: Toward a Pluralism of Prosocial Motives *An International Journal for the Advancement of Psychological Theory2*, 107-122

C.Lamm・C. Daniel Batson, J. Decety (2007) The neural substrate of human empathy: effects of perspective-taking and cognitive appraisal *Comparative Study J Cogn Neurosci*,19 (1). 42-58

一般社団法人 日本ポジティブ心理学協会 (2020) ポジテブィ心理学とは　https://www.jppanetwork.org/what-is-positivepsychology

飯田高 (2016) 社会規範と利他性―その発現形態について　社會科學研究 67 (2) 23-48

サイコタム (2019) 心理学用語集　https://psychoterm.jp/clinical/counseling/empathy

Toi, Miho; Batson, C. Daniel (1982). "More evidence that empathy is a source of altruistic motivation". Journal of Personality and Social Psychology. 43 (2): 281–292. doi:10.1037/0022-3514.43.2.281. ISSN 0022-3514.

著者紹介

石川美智子（いしかわ　みちこ）

京都教育大学大学院教授・佛教大学教育学部特任教授。

名古屋大学大学院博士課程後期課程修了。博士（心理学）。

主著に，『高校相談活動におけるコーディネーターとしての教師の役割―その可能性と課題』（ミネルヴァ書房，2015年），『チームで取り組む生徒指導―アクティブ・ラーニングを通して深く学ぶ・考える』（ナカニシヤ出版，2015年），『教育を科学する力、教師のための量的・質的研究方法 Excel フリー統計ソフト HAD を用いて』（学術研究出版，2018），『チームで取り組む生徒指導・教育相談―事例を通して深く学び考える』（ナカニシヤ出版，2018）他。

社会と心理学　地域・組織・共感と道徳

2021年9月22日　初版発行

著　者　石川美智子

発行所　学術研究出版

〒670-0933　兵庫県姫路市平野町62

［販売］Tel.079(280)2727　Fax.079(244)1482

［制作］Tel.079(222)5372

https://arpub.jp

印刷所　小野高速印刷株式会社

©Michiko Ishikawa 2021, Printed in Japan

ISBN978-4-910415-37-6